Das ultimative Probenbuch
Lesen
3. Klasse

Dieses Buch gehört

____

Vorwort

Liebe Schülerin, lieber Schüler,

dieses Buch hilft dir speziell bei der Vorbereitung auf deine Leseproben in der 3. Klasse im Fach Deutsch.

Zu Beginn geben wir dir ein paar nützliche Tipps, wie du eine Leseprobe am besten bearbeitest. Anhand der von uns erstellten Leseproben, die dem Lehrplan plus angepasst sind und in Inhalt, Form und Umfang etwa dem entsprechen, was dich in deinen Klassenarbeiten erwartet, kannst du überprüfen, ob du den behandelten Stoff beherrschst.

In der Regel hast du für die Leseproben 30 - 45 Minuten Zeit.

Unsere Übungsproben decken auch verschiedene Themen der 3. Klasse im Bereich HSU ab (z. B. Bäume, Wald, Feuerwehr, Mittelalter, Umweltschutz).

Im Anhang findest du zu jeder Probe eine Lösung mit ausführlichen Antworten, damit du deine Proben selbstständig kontrollieren kannst.

Wir wünschen dir viel Erfolg bei der Arbeit mit dieser Leseprobensammlung und für dein gesamtes Schuljahr.

Mandana Mandl   Miriam Reichel

1. Auflage 08/2015
5. Auflage 03/2020

Lektorat: Sandra Frey, Edling; Johanna Fangmaier, Inning; Bianca Gubalke, Kapstadt
Logo- und Covergestaltung: Michael Reichel, www.m5art.de
Druck: omb2 Print GmbH, München

Für Verbesserungsvorschläge sind wir immer offen!
kontakt@mamis-verlag.de
www.schulproben-bayern.de
www.MaMis-Verlag.de

Informatives:

In dieser Reihe erhältlich:

3. Klasse:	Das ultimative Probenbuch Deutsch, Mathematik, Heimat- und Sachunterricht (HSU), Das ultimative Leseprobenbuch, Singlish, Swinglish, Springlish: spielerische Vorbereitung auf die erste Fremdsprache
4. Klasse:	Das ultimative Probenbuch Deutsch, Mathematik, Heimat- und Sachunterricht (HSU)
4. Klasse:	Das ultimative Leseprobenbuch
5. Klasse:	Das ultimative Probenbuch Deutsch (alle Schulen), Mathematik (Gymnasium)
6. Klasse:	Das ultimative Probenbuch Deutsch, Mathematik (Gymnasium)

Sammelbände:

Das ultimative Probenbuch Lesen 3./4. Klasse
Das ultimative Probenbuch Textaufgaben 3./4. Klasse
Das ultimative Probenbuch Diktat und Aufsatz 3./4. Klasse
Das ultimative Probenbuch Deutsch 5./6. Klasse (alle Schulen)
Das ultimative Probenbuch Diktat und Aufsatz Unterstufe 5./6./7. Klasse (alle Schulen)

Ferienkalender für Bayern:

	2020	2021	2022
Fasching	24.02. - 28.02	15.02. - 19.02	28.02. - 04.03
Ostern	06.04. - 18.04.	29.03. - 10.04.	11.04. - 23.04.
Pfingsten	02.06. - 13.06.	25.05. - 04.06.	07.06. - 18.06.
Sommer	27.07. - 07.09.	30.07. - 13.09.	01.08. - 12.09.
Herbst	31.10. - 06.11.	02.11. - 05.11.	31.10. - 04.11.
Weihnachten	23.12. - 09.01.	24.12. - 08.01.	24.12. - 07.01.

Ferienkalender Baden-Württemberg:

	2020	2021	2022
Ostern	06.04. - 18.04.	06.04. - 10.04.	19.04. - 23.04.
Pfingsten	02.06. - 13.06.	25.05. - 05.06.	07.06. - 18.06.
Sommer	30.07. - 12.09.	29.07. - 11.09.	28.07. - 10.09.
Herbst	30.10. - 03.11.	02.11. - 06.11.	02.11. - 04.11.
Weihnachten	23.12. - 09.01.	23.12. - 08.01.	21.12. - 07.01.

Quelle: http://www.schulferien.org

INHALTSVERZEICHNIS

Ich wollt, sie wäre rascher gegangen an manchem Tag. Ich wollt, sie hätte manchmal verzögert den raschen Schlag!
H R

1 Allgemeine Informationen zum Thema Schule für Eltern

1.1 Leistungsstörungen

Unser Schulsystem kennt im Allgemeinen drei verschiedene Leistungsstörungen: ADS / ADHS (Aufmerksamkeitsdefizit / Hyperaktivitäts-Syndrom), Dyskalkulie und Legasthenie.

Die einzige in der Schule anerkannte Leistungsstörung ist die Legasthenie oder Lese- / Rechtschreibstörung.

Auch wenn die anderen Phänomene nicht anerkannt sind, sollte eine frühe Förderung / Therapie ins Auge gefasst werden, bevor sich Probleme festsetzen und weitere Komplikationen entstehen.

1.2 ADS / ADHS

Unter **ADS / ADHS** versteht man eine bereits im Kindesalter beginnende psychische Störung, die sich durch Probleme mit der Aufmerksamkeit sowie Impulsivität und häufig auch Hyperaktivität auszeichnet. Etwa drei bis zehn Prozent aller Kinder zeigen Symptome im Sinne eines ADHS-Syndroms. Jungen sind deutlich häufiger betroffen als Mädchen. Die Symptome können mit unterschiedlicher Ausprägung bis in das Erwachsenenalter hinein fortbestehen. Das **ADS** oder **ADHS** führt, wenn es durch einen Psychologen bestätigt wird, nicht zu einer Notenerleichterung, kann aber ein gewisses Verständnis der Schule und Lehrer gegenüber dem Kind zur Folge haben.

Hier liegt eine erstaunliche Bandbreite an Therapien (aber kein Patentrezept) vor.

Oft können kognitive Therapien, Ergotherapien, Bewegung und viel Sport die Konzentration fördern. Neuerdings werden Erfolge durch Neurofeedback verzeichnet: Manche schwören auf homöopathische Behandlungen oder Ergotherapie, andere halten Fehlstellungen der Wirbelsäule (Hals) oder Probleme des Gleichgewichtssinns für ursächlich.

Eine Veränderung der Ernährung (phosphatfrei, basisch, zuckerfrei) wird oft als ein positiver Aspekt im „Krankheitsverlauf" angesehen. Lebensmittelallergien können ebenfalls ursächlich sein und deren Behandlung kann eine Konzentrationssteigerung nach sich ziehen.

Unstrittig ist nur, dass ADS / ADHS - Kinder einen äußerst **geregelten und ruhigen Tagesablauf** benötigen. Sie sollten nicht zusätzlich beschäftigt werden, damit sie ruhiger werden, denn dies kann die entgegengesetzte Wirkung nach sich ziehen. Ein gleichmäßiger, durchstrukturierter Tag mit viel Ordnung ist eine Grundvoraussetzung für die Verbesserung der Konzentration.

Elterntherapien und ein umfangreiches Wissen des Krankheitsbildes erleichtern den Umgang mit dem Kind.

Mittlerweile werden viele Kinder auch mit einer Pharmakotherapie behandelt. Hierbei sollte man bedenken, dass jede Wirkung auch unerwünschte Nebenwirkungen zeigt und daher nicht leichtfertig therapiert werden sollte. Bekannte Nebenwirkungen von Ritalin sind Gewichtsverlust, Depressionen oder bipolare Störungen und vieles mehr. Diese Behandlungsweise kann zu Abhängigkeiten usw. führen. Zu diesem Thema gibt es zahlreiche interessante Studien, die den Umfang hier sprengen würden. (siehe Büchertipps, Seite 10)

1.3 Legasthenie

Die **Legasthenie** oder Lese / Rechtschreibschwäche (LRS) wird als pathologisch in der Schule anerkannt, sofern es sich um eine **Störung** und nicht nur um eine **Schwäche** handelt.

„Unter **Legasthenie** versteht man eine massive und lang andauernde Störung des Erwerbs der Schriftsprache" (Wikipedia, Verband für Legasthenie).

Legastheniker haben Probleme bei der Umsetzung der gesprochenen zur geschriebenen Sprache und umgekehrt. Als Ursache werden eine genetische Disposition, Probleme bei der auditiven und visuellen Wahrnehmungsverarbeitung, der Verarbeitung der Sprache und vor allem bei der phonologischen Bewusstheit angenommen.

Die Störung tritt isoliert und erwartungswidrig auf, d. h. die schriftsprachlichen Probleme entstehen, ohne dass es eine plausible Erklärung (wie z. B. eine generelle Minderbegabung oder schlechte Beschulung) gibt.

Je nachdem, ob der Betroffene eine auditive oder aber visuelle Form der Legasthenie hat (auch beides ist möglich), unterscheiden sich die Therapien.

Bei der auditiven Legasthenie kann schon viel durch eine deutliche Sprache erreicht werden, damit der Legastheniker die Endungen der Wörter hören bzw. verschriften kann. Silben klatschen oder abschreiten sind gute Möglichkeiten, eine Bewusstheit zu schaffen. Logopäden können eine deutliche Sprache des Kindes einüben, damit es in seinem inneren Ohr ein klares und eindeutiges Wort hört, welches dann leichter zu verschriften wäre.

Bei der visuellen Form der Legasthenie bewegt sich das Schriftbild vor dem inneren Auge des Legasthenikers konstant. Dadurch kommt es oft zu Phänomen wie dem „verlieren" der Zeile oder des Wortes (aus R_O_T, kann z. B. sowohl T_O_R, als auch O_R_T werden, je nachdem, wie sich die Buchstaben bewegen). Dies führt zu einer allgemeinen Desorientierung.

Aus diesem Grund können Legastheniker auch Probleme in der Mathematik oder Geometrie bekommen. Zeichnungen sind selten exakt und Zahlen können leicht vertauscht werden. So kann es manchmal einem reinen Glücksspiel gleichkommen, ob das Kind 45 oder 54 schreibt, auch wenn es weiß, was es eigentlich schreiben möchte. Das muss kein Anzeichen für das Vorliegen einer Dyskalkulie sein. Vielmehr gehen manche Wissenschaftler davon aus, dass Legasthenie, Dyskalkulie, ADHS und Dysgraphie (Unfähigkeit Wörter und Texte zu schreiben, trotz intakter Handmotorik und Intelligenz) oft denselben Ursprung haben, nämlich eine allgemeine Desorientierung. Wird die Konzentration durch Therapien wieder auf einen Punkt gebündelt, so verbessern sich alle Phänomene gleichermaßen. Die Legasthenie hat auf keinen Fall etwas mit Dummheit zu tun, auch wenn dieser Gedanke immer noch existiert. Oftmals kann eine Legasthenie mit einer besonders ausgeprägten Begabung einhergehen, z. B. in Intelligenzbereichen, in künstlerischer Form, räumlichem Denken oder in der Geschwindigkeit der Wissensaufnahme. Manche Forscher sprechen davon, dass Legastheniker über eine schnellere Denkweise verfügen als Nicht-Legastheniker, da sie in Bildern und nicht in Worten denken, zumindest bis zu einem bestimmten Alter. Danach wird oft auf beide Arten gedacht (also in Wort und/oder Bild, Theorie von Davis, siehe Anhang).

Der Bundesverband für Legasthenie geht davon aus, dass 4 % aller Schüler betroffen sind. Ein großer Prozentsatz dieser Kinder ist überdurchschnittlich begabt.

Bei einer frühen Förderung, durch anerkannte Legasthenie-Therapeuten kann es zu einer Leistungssteigerung kommen. In jedem Fall wird das Thema Schreiben von einer „neutralen" Seite betrachtet und bearbeitet und nicht nur - oft emotional - von den Eltern korrigiert. Beim eigenen Kind fällt es schwer, nach jahrelangem Üben noch Verständnis für Fehler aufzubringen, die bereits tausendfach verbessert wurden. Therapeuten stehen außen vor und haben gelernt damit umzugehen.

Im Laufe der jugendlichen Entwicklung geschehen oft massive Entwicklungsschübe, auch in Form der Verbesserung der Rechtschreibleistungen und des Leseverständnisses. Voraussetzung dafür sind allerdings eine konstante Auseinandersetzung mit der Sprache und ständige Förderung.

Seit 1999 gibt es in Bayern, als erstem Bundesland, den „Legasthenieerlass", der es legasthenen Kindern ermöglicht, einen höheren Bildungsweg einzuschlagen.

Hierbei werden Schülern mit diagnostizierter Legasthenie Zeitzuschläge von bis zu 50 % gewährt. Auf eine Benotung der Rechtschreibleistung wird verzichtet.

Den Lehrern wird empfohlen, von legasthenen Kindern häufiger die mündlichen Leistungen zu bewerten, um die fehlenden Noten (z. B. von Diktaten oder

Leseproben) auszugleichen. Es kann auch pädagogisch sinnvoll sein, bei Diktaten dem Legastheniker einen angemessenen Fehlersprung zu gewähren. Leider sind nicht immer alle Grundschulen dazu bereit, es sei denn, sie kennen sich in diesem Bereich gut aus und gehen progressiv vor.

In der **Grundschule** bedeutet der Legasthenieerlass:

Keine Noten auf Diktate, sowie je nach Form der Störung, auch keine Benotung von Leseproben.

In der Grammatik kann auf die Bewertung der Groß- und Kleinschreibung verzichtet werden, mit der Konsequenz, dass ein Legastheniker z. B. auch ein Nomen klein schreiben kann und trotzdem behaupten darf, dass es ein Namenwort ist.

Im **Gymnasium** werden die Fremdsprachen - je nach Gutachten - mündlich und schriftlich 1:1 bewertet, d. h. jede **geschriebene** Note (Schulaufgabe, EX, Kurzarbeit) steht zu jeder **mündlichen** (also gesprochenen! hierzu zählt keine EX, die normalerweise als mündliche Note berechnet wird) Note (Ausfragen, Referat, Mitarbeit) im Verhältnis 1:1.

Strittig ist die Bewertung der Interpunktion. Im Gymnasium wird sie nicht bewertet, in der Grundschule hängt es von der Handhabung des Lehrers ab. Hier sollte man sich in Streitfällen an das Kultusministerium wenden. Oft wird die Interpunktion der Rechtsschreibung zugeordnet (und damit nicht bewertet), außer es wird eindeutig in der Grammatikfrage gefordert, bzw. speziell geübt, wie z. B. wörtliche Rede, oder „notiere das richtige Satzzeichen am Ende des Satzes". Kommata und fehlende Punkte am Satzende sollten aber nicht bewertet werden.

Vor allem für den Übertritt und die weiterführenden Schulen empfiehlt es sich, ein psychologisches Gutachten erstellen zu lassen.

Dieses erfolgt durch einen Psychologen und beinhaltet ein Diktat, Lesen (Wortgenauigkeit und gelesene Wörter pro Zeiteinheit), ferner einen Intelligenztest, der ausschließen soll, dass das Kind lediglich aufgrund einer Minderbegabung nicht lesen und schreiben kann, sowie eine psychologische Untersuchung, die wiederum ausschließen soll, dass andere Ursachen zu Grunde liegen.

Das Gutachten des Psychologen wird dann an den Schulpsychologen weitergeleitet, der wiederum den Nachteilerlass nach seinem Ermessen ausstellt und diesen an die Schule weitergibt. Erst dann ist das Kind von der Benotung befreit.

Tipp: Klären Sie vorher die Kosten des Gutachtens (= Zusammenfassung des Ergebnisses der Testung). Krankenkassen sind zur Übernahme des Gutachtens nicht verpflichtet, zahlen aber meist die Testung. Schulen oder städtische Schulberatungen bieten oft kostenlose Testungen an.

Manche Psychologen erstellen, gleich nach dem Rechtschreibtest, mit dem sie beginnen, ein erstes Kurzergebnis, sodass bei einem erfolgreichen Rechtschreibtest (mit zu wenigen Fehlern für einen Legastheniker) auf weitere Tests und Kosten verzichtet werden kann.

Sollte die Legasthenie positiv getestet worden sein, so entfällt ab diesem Zeitpunkt die Bewertung der Rechtschreibung und das Zeugnis bekommt folgende Zusatzbewertung:

„Aufgrund einer fachärztlich festgestellten Legasthenie wurden (Lese- und) Rechtschreibleistungen nicht bewertet."

Es steht dem Schüler /Schülerin bzw. den Eltern aber jederzeit frei, die Nichtbewertung wieder aufzuheben. Sollte man nicht wollen, dass im Abiturzeugnis steht, dass man Legastheniker ist, muss man bereits in der Oberstufe auf eine fehlende Bewertung der Rechtschreibung und Leseleistung verzichten. Im G8 also ab der Qualifikationsstufe Q 11.

1.4 Buchtipps zu obigen Themen

- „Legasthenie als Talentsignal: Das Praxisbuch" von **Ronald D. Davis**
- „Legasthenie und andere Wahrnehmungsstörungen: Wie Eltern und Lehrer Risiken frühzeitig erkennen und helfen können" von **Mechthild Firnhaber**
- „Die unerkannten Lerngenies: Mit der Davis-Methode Lernstörungen beheben" von **Ronald D. Davis**
- „Legasthenie und Dyskalkulie" von Prof. Dr. **Gerd Schulte-Körne**
- „Trotz Schule lernen" von **Vera F. Birkenbihl**
- „Hilfe bei ADS (ADHS): Die neue, sanfte Nährstofftherapie. Für Zappelphilipp-Kinder und kleine Träumer" von **Dr. Georg Keller, Marie-Therese Zierau**
- „Mit Montessori Legasthenie behandeln" von **Nina Hellwig**
- „Ratgeber Legasthenie. Frühzeitig erkennen. Richtig reagieren. Gezielt behandeln." Von **Prof. Dr. Gerd Schulte-Körne**
- **Prof. Dr. Gerald Hüther** , „Jedes Kind ist hochbegabt. Die angeborenen Talente unserer Kinder und was wir aus ihnen machen."

2 Tipps zur Bearbeitung von Leseproben

Im Deutschunterricht geht es ab der 3. Klasse weniger um die Lesetechnik als vielmehr darum, ob ein Kind den Inhalt eines Textes erfassen und richtig wiedergeben kann. Für die Kinder ist es wichtig, einen Text wirklich zu verstehen. Dafür brauchen sie jedoch Zeit, Übung und Ruhe.

Grundvoraussetzung für ein gutes Textverständnis ist flüssiges Lesen. Die Augen erfassen mehrere Wörter auf einen Blick, während sie über die Zeilen gleiten. Hierbei hilft natürlich ein guter Wortschatz. Je größer der Wortschatz, desto mehr bekannte Wörter springen gleich ins Auge und werden dann problemlos erfasst.

Die Weiterführung des reinen Lesens ist das **sinnentnehmende** Lesen. Hierbei stellt das Gehirn eine Verbindung zwischen den gelesenen Wörtern her und entschlüsselt den Sinn der Sätze. Es gibt Wörter, deren Eindeutigkeit ausschließlich erst aus dem Satzzusammenhang klar wird:

z. B. **Pflaster**

- Clara möchte nicht barfuß laufen, da das **Pflaster** im Sommer sehr heiß ist.
- Mama klebt ein **Pflaster** auf Claras Wunde.

Bei „Pflaster" denkt ein Pflasterer vielleicht immer zuerst an das Straßenpflaster, eine Krankenschwester eher an ein Heftpflaster. Eindeutig wird also das Wort nur im Zusammenhang eines Satzes.

Beim Leseverständnis sind natürlich auch Grammatikkenntnisse gefragt. Erst wenn alle Informationen im Gehirn gesammelt, ausgewertet und verarbeitet sind, ist das Lernziel „Leseverständnis" erreicht.

Unterstützen können Eltern ihre Kinder am besten mit Geduld: Kinder sollten viel und ungestört lesen können, auch vorlesen ist in jeder Altersstufe geboten. Das Lesetempo steigert sich mit der Zeit wie von selbst. Mit jedem neuen Wort und jeder bekannten Redewendung erweitert sich das Textverständnis. Kennt ein Kind eine Redewendung nicht, so kann es den Sinn nur aus dem Zusammenhang erfassen. Aus diesem Grund sollten Sie Fragen zulassen. Wenn Sie z. B. Ihrem Kind vorlesen und sich selbst nicht sicher sind, ob Ihr Kind eine schwierige Passage oder Redewendung verstanden hat, fragen auch Sie nach.

Am liebsten liest jeder Mensch natürlich über Themen, die ihn auch interessieren, weshalb Kinder ihren Lesestoff zu Hause selbst wählen sollten – egal, ob es der Sportteil der Tageszeitung ist, ein Buch zur Lieblingsserie oder ein Sachtext über Flugzeuge. Wichtig ist jedoch das Sprachniveau: zu schwierige Texte überfordern, zu einfache langweilen.

In der Grundschule wird in Leseproben häufig die Nähe zum Text erwartet. Wird nach einer Textstelle gefragt, so ist diese möglichst wortgetreu und fehlerfrei wiederzugeben. In manchen (wenigen) Schulen werden auch Rechtschreibfehler gewertet, da die Lehrer davon ausgehen, dass es sich um eine Abschreibtechnik handelt und diese sollte das Kind beherrschen. Aus unserer Sicht ist dies nicht ganz richtig, da bei Leseproben das Leseverständnis abgefragt und bewertet werden sollte. Die Rechtschreibung wird in separaten Proben geprüft und bewertet. Warum sollte ein Kind, das vielleicht Schwierigkeiten in der Rechtschreibung hat, auch noch auf Grund dieser Tatsache schlechtere Noten in Leseproben erhalten, obwohl es sinnentnehmend lesen und einen Text gut wiedergeben kann?

3 Leseproben

3.1 Leseprobe – Die Biene Maja

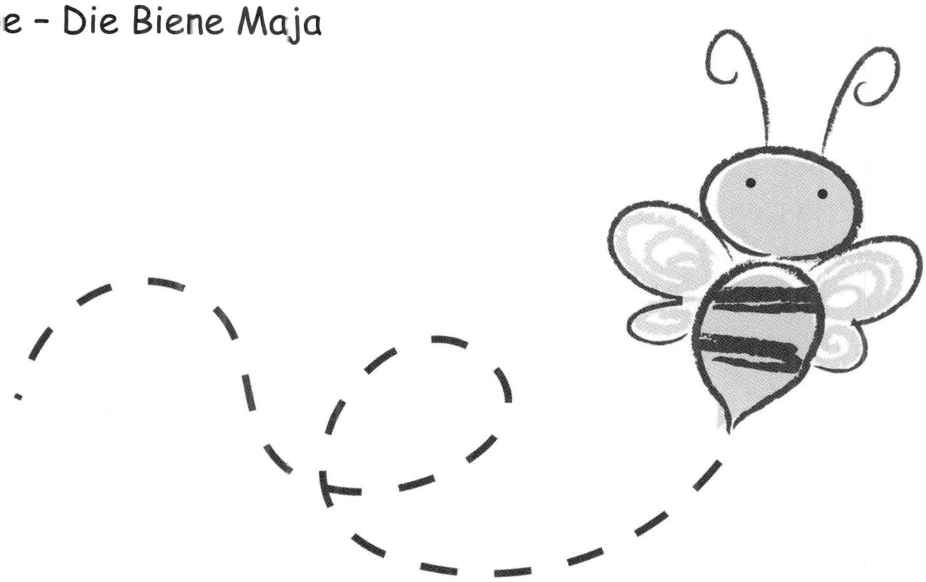

Eure Eltern kennen sie noch gut und haben sie geliebt: die Biene Maja mit ihrem Freund Willie und der gruseligen Spinne Thekla. Sie ist eine Honigbiene und lernt von ihrer Erzieherin Kassandra das Fliegen. Willie ist eine Drohne und ihr bester Freund. Als männliche Biene und Drohne ist Willie etwas kräftiger. Die Drohnen beteiligen sich nicht an irgendwelchen Arbeiten im Bienenstock oder am Sammeln von Pollen und Nektar. Daher gilt Willie immer als faul. Manche Drohnen, wie z. B. Toff und Zürpel in der Serie „Die Biene Maja" sind Wächter im Bienenstock. Und, beinahe hätte ich es vergessen, es gibt natürlich noch den immer gut gelaunten Grashüpfer Flip.

Die Biene Maja und ihre Freunde trinken den Nektar der Pflanzen und fliegen von Blume zu Blume. Die Blütenpollen bleiben in ihrem Fell und an ihren Fühlern hängen und sie tragen sie weiter zur nächsten Pflanze und bestäuben sie. Maja, so wie jede Biene, ist also eine fleißige Helferin der Natur. Nicht nur die Pflanzen sind auf die Hilfe angewiesen, sondern auch wir. Ohne die Bienen werden die Pflanzen nicht befruchtet und sterben aus! Ihr köstlicher Honig ist also nur ein kleiner Nebeneffekt für den Menschen. Ihre eigentliche Leistung ist unvorstellbar groß!
Sogar der große Physiker Albert Einstein honorierte die Bienen mit dem Ausspruch:
„Wenn die Biene einmal von der Erde verschwindet, hat der Mensch nur noch vier Jahre zu leben. Keine Bienen mehr, keine Bestäubung mehr, keine Pflanzen mehr, keine Tiere mehr, keine Menschen mehr." (Zitat Albert Einstein, 1949).
Natürlich gibt es noch andere Pflanzenbestäuber, aber die Biene spielt eine sehr große Rolle.

Fast 80 Prozent aller Nutz- und Wildpflanzen werden von der westlichen Honigbiene – wissenschaftlich auch *apis mellifera* genannt – bestäubt. Von 100 Pflanzenarten werden 71 von der Biene bestäubt!
Nun sagt ihr vielleicht, ach das kann man auch künstlich machen! Na ja, kann man. Man hat Pflanzen geschaffen, die sich selbst befruchten, aber ihr Ertrag ist nur halb so groß. Da mittlerweile viel zu viele Menschen auf der Erde leben, ist es also nicht unerheblich, wie groß der Ertrag ist.
Manche Pflanzen sind auch vollständig auf die Bestäubung der Bienen angewiesen - dazu gehören der Kakao, die Vanille oder die Maracuja.
Nur leider sind die Biene Maja mit ihrem Freund Willie und allen anderen Bienen vom Aussterben bedroht. Ihre Zahl geht immer weiter und weiter zurück. Die Hälfte aller europäischen Bienenvölker ist bereits gestorben. In Amerika ist es noch viel schlimmer. Dort sind angeblich bereits 90% aller Bienen verschwunden.

Aber was ist da los? Warum sterben Maja, Willie und Kassandra? Unsere moderne Landwirtschaft ist ein Grund. Wir verwenden viele Unkrautvernichtungsmittel, die nicht nur das Unkraut umbringen, sondern leider auch die Insekten. Somit auch die Bienen. Diese Unkrautvernichtungsmittel belasten selbstverständlich auch den Menschen und machen ihn krank. Die Giftstoffe erzeugen nicht nur Krebs sondern auch chronische Erkrankungen.
Auch haben wir weniger Blumen. Wo es früher einmal eine Blumenwiese gab, stehen heute Häuser. Mancher Vorgarten ist ein Steingarten und kein Blumengarten mehr! Blumen machen Arbeit. Statt der Blumen gibt es heute oft nur einen kurzgeschnittenen, gepflegten Rasen oder auch oft nur Kieselsteine. Blumen? Fehlanzeige!
Aber auch die ‚Varroamilbe' macht den Bienen zu schaffen. Der winzige Parasit vermehrt sich auf der Brut, ernährt sich vom Blut der Bienen und überträgt über die Bisswunden weitere Krankheitserreger, sodass sich besonders gefährliche Viren-Varianten verbreiten, die viele Bienenvölker rasch auslöschen.
Der Klimawandel ist ein weiterer Punkt, der den Bienen zu schaffen macht.
Aber was kannst du für unsere Bienen tun? Blumen pflanzen! Egal ob auf deinem Fensterbrett, im Garten oder Vorgarten. Statt der gestutzten Wiese eine Blümchen-Wiese und viele, viele Blumen im Garten. Und natürlich sollte man kein Unkrautvernichtungsmittel verwenden, denn man tötet nicht nur das Unkraut, sondern auch viele Insekten. Also, mach mit und rette die Bienen! Los geht's!

Text: Miriam Reichel

Fragen zum Text:

1) Nenne zwei Namen der Freunde der Biene Maja! Sind sie auch Bienen? __________ __________ __________	4
2) Was machen Toff und Zürpel? __________ __________	1
3) Welche Eigenschaft hat Flip? __________ __________	1
4) Welchen wissenschaftlichen Namen trägt die Biene? __________ __________	1
5) Die Biene Maja bestäubt andere Pflanzen. Wie macht sie das? Was trinkt sie? __________ __________ __________	4
6) Nenne zwei Pflanzen, die man nicht künstlich befruchten kann! __________	2

7) Welches Problem haben die Biene Maja und ihre Artgenossen heute? ____	1
8) Nenne zwei Gründe für ihr Problem! ____ ____	2
9) In welchem Land sind am meisten Bienen gestorben? ____ ____	1
10)Es gibt auch eine Milbe, die der Biene sehr schadet, wie heißt diese? ____	1
11) Was kannst du für die Bienen tun? ____ ____	1

Von 19 Punkten hast du ___ erreicht.

3.2 Leseprobe - Unser Wald steckt voller Entdeckungen

Unser Wald steckt voller Entdeckungen

In Bayern gibt es sehr viel Wald - viele Laub-, Nadel- und Mischwälder bedecken etwa 35 Prozent von Bayern. Laubwälder sind Wälder, in denen vor allem Laubbäume wie zum Beispiel Buchen oder Eichen wachsen. Als Nadelwald bezeichnet man einen Wald, in dem nur Nadelbäume stehen. Zu den Nadelbäumen zählen unter anderem Fichte, Tanne, Kiefer und Lärche. Es gibt auch Wälder, in denen Nadelbäume und Laubbäume wachsen, diese nennt man Mischwälder. Im Herbst verlieren die Laubbäume ihre Blätter, während die Nadelbäume ihre Nadeln auch im Winter behalten. Nur die Lärche verliert ihre Nadeln.

Das größte zusammenhängende Waldgebiet in Bayern ist der Bayrische Wald.

Im Wald gibt es viel zu entdecken. Dort leben viele verschiedene Tiere, um sie zu hören, musst du sehr leise sein. Du kannst Waldmäuse oder Igel hören, die im Laub rascheln. Es gibt Eichhörnchen, die in den Bäumen klettern, sowie eine Vielzahl Insekten und Käfer zu entdecken. Aber auch große Tiere wie Wildschweine, Rehe oder Hirsche kann man aufspüren. Rehe sind sehr scheu und deshalb kann man sie nur selten sehen. Selbstverständlich leben auch verschiedene Vogelarten in unseren heimischen Wäldern.

Neben den Tieren bietet auch der Waldboden interessante Entdeckungen. Verschiedene Pilze wachsen fast das ganze Jahr über. Es gibt wohlschmeckende, essbare Pilze, aber auch zahlreiche ungenießbare Pilzarten. Einer der giftigen Pilze ist der Fliegenpilz. Er leuchtet feuerrot mit weißen Punkten und ist hübsch anzusehen, aber Finger weg davon!

Manchmal entdeckt man auch Ameisenhügel, welche eine Höhe von bis zu einem Meter erreichen können. Die Behausung der Ameisen reicht sogar bis zu einer Tiefe von zwei Metern in die Erde. Ameisen sind sehr nützliche Helfer, weil sie Schädlinge fressen. Sie schützen den Wald und gelten deshalb auch als „Gesundheitspolizei des Waldes". Ameisen sind sehr wichtig und helfen die Lebensgemeinschaft des Waldes im Gleichgewicht zu halten. Sie stehen unter Naturschutz, weshalb Ameisenhügel nicht zerstört werden dürfen.

Natürlich hat die Ameise auch Feinde, da sie Nahrungsquelle für viele Waldtiere ist. Verschiedene Vögel, Käfer und Spinnen verzehren sie gerne.

Leider ist der Wald heute sehr gefährdet und braucht unseren Schutz. Immer mehr Bäume sterben. Kranke Bäume kannst du an den Blättern und Nadeln erkennen, die sich bereits im Sommer zunächst verfärben und dann abfallen. Durch das Fehlen der Blätter und Nadeln folgen Schäden an den Wurzeln und irgendwann stirbt der Baum. Schadstoffe in der Luft, im Boden und sogar im Regen sind auch mit schuld an der Erkrankung. Leider laden manche Menschen ihren Müll einfach im Wald ab oder werfen achtlos Abfälle auf den Boden. Auch dies schädigt den Wald. Also nimm bitte alles, was du in den Wald mitgebracht hast, auch wieder mit nach Hause. Viel Spaß bei deinem nächsten Waldbesuch!

437 Wörter Text: Mandana Mandl

Fragen zum Text:
Antworte in vollständigen Sätzen!

1) Schreibe auf: Welche Waldarten gibt es in Bayern? • ______________________ • ______________________ • ______________________	3
2) Gib an, wie hoch ungefähr der Waldanteil in Bayern ist. ______________________________________	1
3) Wie heißt das größte zusammenhängende Waldgebiet in Bayern? ______________________________________	1
4) Welche Tiere des Waldes werden im Text erwähnt? Kreuze alle richtigen Antworten an. ○ Reh ○ Bär ○ Eule ○ Schwein ○ Wildschwein ○ Pferd ○ Eichhörnchen ○ Ameise 	4
5) Zu welcher Baumart zählt die Lärche? ______________________________________	1
6) Was ist das Besondere an der Lärche? Antworte in einem vollständigen Satz! ______________________________________	2

7) Entscheide, was richtig und was falsch ist. Setze dein Kreuz entsprechend. 2

Der Fliegenpilz ist...

	richtig	falsch
essbar		
feuerrot		
giftig		
genießbar		

8) Weshalb dürfen Ameisenhügel im Wald nicht zerstört werden und wozu sind sie nützlich? 3

Nenne drei Gründe!

____

____

____

____

9) Welche weitere Bezeichnung für Ameisen findest du im Text? 1

____

10) Woran kannst du erkennen, dass ein Baum krank ist? 2

____

____

11) Was verursacht Waldsterben? Antworte in einem vollständigen Satz. 3

____

____

____

Viel Erfolg!

Von 23 Punkten hast du _____ Punkte erreicht.

3.3 Leseprobe - Die Feuerwehr

Die Feuerwehr

Die Feuerwehr, auch Branddirektion genannt, ist in Deutschland über die Nummer 112 zu erreichen. In der Einsatzzentrale der Feuerwehr, heute auch ILS - integrierte Leitstelle genannt, werden die Anrufe entgegengenommen und weitergegeben, egal, ob es sich um Einsätze der Feuerwehr, einen Rettungsdienst oder Krankentransport handelt. Die Mitarbeiter in der ILS informieren die zuständige Feuerwehr. Auf der Feuerwache oder im Feuerwehrhaus befinden sich die Einsatzfahrzeuge und die Ausrüstung der Feuerwehrleute.

In Deutschland gibt es über 2000 Freiwillige Feuerwehren und nur circa 100 Berufsfeuerwehren. Es gibt aber auch Werksfeuerwehren. Zum Beispiel Flughäfen und Chemiefabriken haben ihre eigene Werksfeuerwehr.

Die Berufsfeuerwehr gibt es in großen Städten wie zum Beispiel München, Nürnberg, Augsburg. Die Feuerwehrmänner und Feuerwehrfrauen gehen ihrer Tätigkeit hauptberuflich nach und sind Beamte. Die Feuerwache der Berufsfeuerwehr ist täglich 24 Stunden besetzt. Das heißt, die Feuerwehrleute müssen im Schichtbetrieb rund um die Uhr arbeiten.

Auf dem Land gibt es die Freiwillige Feuerwehr. Dort arbeiten Männer und Frauen ehrenamtlich. Das bedeutet, sie bekommen für ihre „Feuerwehr-Arbeit" kein Geld. Sie handeln freiwillig, deshalb heißt es auch „Freiwillige Feuerwehr". Die Feuerwehrleute der Freiwilligen Feuerwehr haben alle einen anderen Beruf, bei dem sie ihr Geld zum Leben verdienen. Bei Feueralarm treffen sie sich in der Feuerwache und rücken gemeinsam zum Einsatz aus.

Zur Freiwilligen Feuerwehr darf im Prinzip jeder. Es gibt sogar die Kinderfeuerwehr und die Jugendfeuerwehr. Aber in den **aktiven Dienst,** d. h. an Übungen und Einsätzen teilnehmen, darf man nur im Alter von 18 bis 63 Jahren, nachdem man spezielle Abend- oder Wochenendkurse besucht hat.

Zur persönlichen Ausrüstung der Feuerwehrleute gehören Helm, Handschuhe, Atemschutzmaske, ein Schutzanzug, Stahlkappenstiefel und das Feuerwehrbeil. Auch ein Sicherheitsgurt und eine Fangleine gehören zur Ausrüstung.

Die Feuerwehr ist nicht nur zum Brandlöschen da. Die meisten Einsätze der Feuerwehr sind Rettungsdienst, Ersthelfereinsatz und technische Hilfeleistungen. Um bei der Berufsfeuerwehr aufgenommen zu werden, muss man eine abgeschlossene Berufsausbildung haben und sich einer Gesundheitskontrolle unterziehen. Man muss sehr gut hören und sehen können, muss körperlich fit sein und darf weder Hitze noch Kälte fürchten.

Alle Feuerwehrmänner und Feuerwehrfrauen sind für ihre verantwortungsvolle Aufgabe sehr gut ausgebildet. Es gibt spezielle Feuerwehrschulen, wo sie zu Spezialisten für die diversen Einsatzarten ausgebildet werden.

Die Feuerwehr rettet zum Beispiel auch Tiere oder Kinder, die auf einen Baum geklettert sind und sich nicht mehr alleine heruntertrauen. Die Feuerwehr hilft bei Unfällen und Bergungsarbeiten, Verkehrsunfällen, Explosionen, Überschwemmungen, Sturmschäden und beim Katastrophenschutz.

394 Wörter — Text: Mandana Mandl

Fragen zum Text:

Antworte bitte in vollständigen Sätzen!

1) Welche Feuerwehren gibt es und worin unterscheiden sie sich hauptsächlich? ______________________________ ______________________________ ______________________________	4
2) Überprüfe die Aussagen und schreibe richtig (r) oder falsch (f). In die Freiwillige Feuerwehr wird jeder aufgenommen. ___ Alle Feuerwehrleute haben noch einen anderen Beruf. ___ Feuerwehrleute dürfen keine Angst vor Hitze haben. ___ Es gibt nur Feuerwehrmänner. ___ In Bayern gibt es nur eine Berufsfeuerwehr. ___ Feuerwehrleute müssen in eine besondere Schule gehen. ___	3
3) Was bedeutet „ehrenamtlich"? Erkläre mit Hilfe des Textes! ______________________________ ______________________________ ______________________________	2
4) Was bedeutet das Wort „**divers**" in diesem Satz? Welches andere Wort könntest du in diesem Bespiel für „**Spezialisten**" verwenden? Es gibt spezielle Feuerwehrschulen, wo sie zu **Spezialisten** für die **diversen** Einsatzarten ausgebildet werden. ______________________________ ______________________________ ______________________________	2

5) Mark kann sich nicht entscheiden, ob er Gärtner werden oder zur Freiwilligen Feuerwehr gehen soll. Hast du die Lösung für Mark? ______________________________________ ______________________________________ ______________________________________	2
6) Wo kann man sich zum Feuerwehrmann oder zur Feuerwehrfrau ausbilden lassen? Kreuze die richtige Antwort an. ○ in einer Feuerwehr Universität. ○ auf der Feuerwache ○ beim Feuerwehreinsatz ○ in einer Feuerwehrschule 	1
7) Was gehört zur Ausrüstung der Feuerwehrleute? Nenne drei Teile. ______________________________________ ______________________________________ ______________________________________	3
8) Welche Eigenschaften musst du erfüllen, damit du bei der Feuerwehr aufgenommen wirst? ______________________________________ ______________________________________ ______________________________________	3
9) Was bedeutet „aktiver Dienst“ bei der Feuerwehr? ______________________________________ ______________________________________ 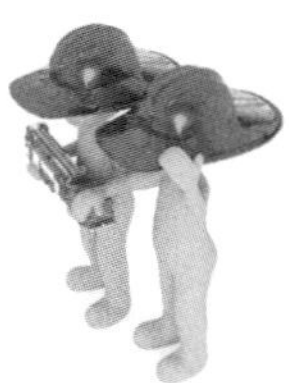	2

10) Nenne drei Einsatzgebiete der Feuerwehr! ____ ____ ____	3
11) Ergänze den Satz: „Die Feuerwehrleute der Freiwilligen Feuerwehr haben alle einen anderen Beruf, ____ ____	2

Viel Erfolg!

Von 27 Punkten hast du __________ erreicht.

3.4 Leseprobe – Ein bisschen Fußballgeschichte

Ein bisschen Fußballgeschichte

Die letzte Fußballweltmeisterschaft fand 2018 in Russland statt.

Eine Weltmeisterschaft ist ein Massenereignis und bringt viele Einnahmen, nicht nur für die FIFA, den Weltfußballverband.

Je näher eine Weltmeisterschaft rückt, desto sicherer wird man vom Fußballfieber angesteckt. Der Fußball wird vermarktet - Fußbälle in Schaufenstern, Fußbälle auf T-Shirts, Fußbälle auf Servietten, Papptellern und Pappbechern. Überall gibt es Dinge zu kaufen, die irgendwie auf Fußball verweisen, auch wenn sie gar nichts mit diesem Sport zu tun haben. Die Autos werden mit patriotischen Fahnen dekoriert usw.

Fußball gehört zu den beliebtesten Spielen überall auf der Welt und auch unsere Opas haben schon versucht, das runde Leder ins eckige Tor zu bringen. Beim Wunder von Bern 1954 gelang es der deutschen Nationalmannschaft erstmals, den Weltmeistertitel zu erlangen und mit dem Sieg in Brasilien 2014 haben wir bereits zum vierten Mal den Titel erreicht.

Aber wer hat das Spiel mit diesem Ball erfunden? Waren es die Brasilianer, die Engländer, die alten Griechen oder Römer?

Heute ist es einfach, an Informationen zu kommen. Ich „google" mal die Geschichte des Fußballs, d. h. ich öffne im Internetbrowser eine Suchmaschine und gebe „Geschichte des Fußballs" ein.

Die Geschichte des Fußballs bei Wikipedia beschreibt, dass die alten Chinesen bereits viele Jahre vor Christi Geburt, also vor über 2000 Jahren, schon eine Art Fußball gespielt haben. Die ersten Spiele in Europa fanden im Mittelalter in Frankreich und in Spanien statt.

Etwa um 1800 fand in England dieser Ballsport erstmals statt, bei dem zwei Dörfer gegeneinander spielten. Damals musste man versuchen, den Ball durch das Stadttor des jeweils anderen Dorfes zu schießen. Es gab kaum Regeln und es ging teilweise sehr brutal zu. Nicht selten gab es Verletzte, weshalb das Spiel von Kirche und Krone oft verboten wurde.

Das Fußballspiel in seiner heutigen Form ist den englischen Hochschullehrern zu verdanken. Sie erkannten, dass dieser Sport nicht nur wild ist, sondern auch den Teamgeist positiv fördert, und bildeten entsprechende Hochschulmannschaften. Im Jahr 1848 wurden von Studenten der Universität Cambridge die ersten Fußballregeln aufgestellt. Damals bestand eine Mannschaft aus 15 bis 20 Spielern. Der erste Fußballclub der Welt ist der FC Sheffield, der 1857 in England gegründet wurde. Der erste Fußballverband der Welt (Football Association – FA) wurde ebenfalls auf dieser Insel gegründet, weshalb England als Mutterland des Fußballs gilt. Im Laufe der Jahre wurden immer mehr Regeln eingeführt und immer wieder gab - gibt es bis heute - leichte Anpassungen.

In Deutschland wurde das Fußballspiel erstmals im Jahre 1874 durch einen Lehrer an einem Gymnasium in Braunschweig eingeführt. Hauptziel war die Bekämpfung des Bewegungsmangels bei den Schülern. Heute ist Fußball der Volkssport Nummer 1.

Der Deutsche Fußballverband (DFB) wurde 1900 in Leipzig gegründet. 1904 wurde der Weltfußballverband FIFA mit Sitz in Zürich in der Schweiz gegründet.

456 Wörter

Text: Mandana Mandl

Fragen zum Text:
Antworte in vollständigen Sätzen!

1) Vervollständige den hinteren Teil des Satzes „...auch unsere Opas haben schon ...“	2
2) Mit welchen Buchstaben wird der Weltfußballverband abgekürzt?	1
3) Wer spielte zum ersten Mal eine Art Fußball? (Kreuze Richtiges an!) ☐ die alten Römer ☐ die alten Chinesen ☐ die Franzosen und Spanier ☐ die Engländer	1
4) Woran erkennst du, dass die Fußball-WM näher rückt? Nenne drei Beispiele aus dem Text.	3
5) Erkläre, wie die ersten Fußballspiele in England ausgetragen wurden?	3
6) Warum führten englische Lehrer Fußball als Hochschulsport ein?	1

7) Welches Land gilt als Mutterland des Fußballs? Erkläre und begründe mit Hilfe des Textes!	3
8) Wann und wo wurden die ersten Fußballregeln aufgestellt?	2
9) Wie kam der Fußball nach Deutschland und weshalb?	3
10) Wann und wo wurde der Weltfußballverband gegründet?	2
11) Wann und wo hat die deutsche Nationalmannschaft zum ersten Mal den Weltmeistertitel gewonnen?	2
12) Welche Fußballverbände findest du im Text?	3

Viel Erfolg!

Von 26 Punkten hast du __________ erreicht.

3.5 Leseprobe – Kleine und große Wunder

Kleine und große Wunder

Fritz und Franzl waren dicke Freunde geworden. Sie fuhren jetzt sogar gemeinsam in die Sommerferien. Außerdem gehörten sie nun nicht mehr zu den Kleinsten in der Schule.

Aber mit der neuen Würde mussten natürlich auch manch neue Probleme gelöst werden. Den Anlass dazu gab eine Fliege. Ja, ausgerechnet eine winzige Fliege, von der die Reisenden während der Fahrt in die Ferien andauernd geärgert wurden. Die Vier benutzten nämlich die Eisenbahn, weil Franzls Eltern sich nicht in den allgemeinen Autostau einreihen mochten.

Aber ich sprach ja von der Fliege. Solche lästigen Flugkünstler gibt's eben auch im ICE. Eben summte eine gerade um den saftigen Pflaumenkuchen, den Franzls Vater vom Speisewagen geholt hatte.

„Dieser Plagegeist wird uns jetzt unter Umständen bis nach Italien begleiten", prophezeite der Vater.

„Und ohne Fahrkarte", lachte Franzl.

„Und ernähren tut sie sich inzwischen auch von unserem Pflaumenkuchen", schimpfte Fritzchen, „zwischendurch wird sie dann an der Wand und an der Decke unseres Abteils munter herumspazieren!"

„Das können übrigens wir Menschen bisweilen auch!"

Diese plötzliche Behauptung des Vaters schien den beiden Freunden denn doch zu weit zu gehen; und sie riefen im Chor, dass das wohl ein Scherz sei. Doch das ernst bleibende Gesicht des Vaters machte sie plötzlich unsicher.

„Erinnerst du dich, Fritzl, an unsere große Sommerreise im vergangenen Jahr zu Onkel Max nach Südafrika? Dort sind wir nicht nur mit dem Kopf nach unten herumgetollt, sondern unsere riesige Lufthansamaschine ist auch mit den Rädern nach ‚oben' und den Flügeln ‚nach unten' in Kapstadt gelandet."

„Och, Vater, jetzt willst du mich wohl veräppeln!"

Die beiden Buben lachten in bester Ferienlaune. Aber der Vater blieb immer noch ernst. „Ihr beiden wisst doch nun schon, dass die Erde eine Kugel ist, nicht wahr?", fuhr er fort, „und, dass wir Menschen auf dieser Kugel leben. Jetzt stellt euch mal einen beleuchteten Globus vor, der zu Hause in meinem Arbeitszimmer steht: ‚Oben', auf dem nördlichen Teil der Weltkugel leben wir. Hier kann man noch relativ sicher umhergehen. Aber wie ist das bei Onkel Max in Südafrika gewesen? Der wohnt ja auf dem südlichsten Teil, also quasi ‚unter' der Kugel.

Da kann doch kein Mensch mehr stehen, oder?
Andererseits haben wir uns aber dort bewegt wie zu Hause!".
„Vielleicht ist aber die Welt doch eine Scheibe!", rief Franzl dazwischen.
„Das ist sie gewiss nicht!", stellte der Vater fest. „Die Erdkugel ist ebenso riesengroß, dass wir ihre runde Oberfläche wie eine Ebene empfinden."
„Aber ihr seid doch damals trotzdem sozusagen ‚unter' der Kugel rumspaziert", protestierte Franzl.
„Das hat eben die gewaltige Anziehungskraft der Erde möglich gemacht", erklärte der Vater.
„Na, wie geht das denn?" fragte Franzl ungeduldig nach.
„Die gigantische Anziehungskraft wirkt immer zum Mittelpunkt der Erdkugel. Das kriegt sogar die Fliege zu spüren, die schon wieder auf unserem Pflaumenkuchen herumflitzt; die kann sich nämlich nicht ewig in der Luft halten und muss sich immer wieder hinsetzen. Man muss sich also vorstellen, der Globus hat gewissermaßen in seinem innersten Mittelpunkt einen unvorstellbar starken Magneten. Nichts, aber auch gar nichts, was auf ihr geht oder steht, kann herunterfallen."
„Aber wie ist das dann mit dem Flugzeug? Das fliegt doch in der Luft?", erkundigte sich Franzl neugierig.
„Genauso", erläuterte der Vater. Er nahm den großen Einwickelbogen von dem Pflaumenkuchen und zeichnete einen Globus aufs Papier:
„So ist das etwa. Auf der Unterseite der Kugel laufen wir tatsächlich sozusagen kopfstehend herum und merken es gar nicht! Auch unser Flugzeug ist quasi mit den Rädern nach ‚oben' gelandet."
„Nur die Fliege kann das alles von allein", bemerkte Franzl altklug, „die krabbelt lustig an der Decke unseres Abteils, ohne herunterzufallen!"
„Ja, aber das ist ein Wunder ganz anderer Art", kommentierte der Vater.
„So sind sie ständig um uns, die kleinen und die großen Wunder."

Text: © Miriam Reichel

Fragen zum Text:
Antworte in vollständigen Sätzen!

1) Wo fahren die beiden in die Sommerferien hin? Wer reist alles? ____________________ ____________________	2
2) Wie reisen sie und warum? ____________________	2
3) Wer ärgert die Reisenden im Zug? ____________________	1
4) Mit welchen zwei anderen Begriffen wird das störende Objekt aus Frage drei beschrieben? Um welche Wortart handelt es sich <u>genau</u> bei den beiden Begriffen? ____________________ ____________________	3
5) Sind die Mutter und die Schwester auch dabei? O Mutter und Schwester warten in Italien auf sie. O Die beiden sind schon geflogen O steht nicht im Text. O Fritzl hat weder eine Mutter noch eine Schwester.	1
6) Über welchen Flugkünstler unterhalten sie sich? Wovon ernährt sich dieser? ____________________ ____________________	2
7) Wo waren sie in den letzten Sommerferien? ____________________	1
8) Was behauptet Fritzls Vater von dem Flugzeug? ____________________ ____________________	2

Frage	Punkte
9) Was macht es möglich, dass man ‚unter' der Erdkugel herumlaufen kann, obwohl man eigentlich auf dem Kopf steht? Was sagt der Vater?	2
10) Wohin, sagt der Vater, wirkt die Erdanziehungskraft?	1

Frage	Punkte
11) Warum merken wir nicht, dass die Erde rund ist? Was sagt der Vater?	2
12) Nenne vier Verben aus dem Text, die statt ‚sagen' benutzt werden! Schreibe diese in der Grundform auf!	4
13) In welchem Teil der Erdkugel wohnen die Kinder und in welchem Onkel Max?	2

Viel Erfolg!

Von 25 Punkten hast du ______ erreicht.

3.6 Leseprobe – Warum benötigt unser Körper Wasser?

Ganz einfach, beantwortet der Schlaukopf, weil wir Durst haben. Deshalb trinken wir Wasser!
Richtig! Aber mein Auto hat auch Durst und es trinkt hauptsächlich Benzin. Das moderne Auto möchte auch kein Benzin mehr, sondern Strom. Aber wozu? Nun, beim Auto ist es simpel: Ist der Tank leer, so fährt das Auto nicht mehr, bis wir ihn wieder aufgefüllt haben. Er kann auch über Monate leer sein.
Beim Menschen ist es etwas schwieriger. Bekommt dieser nur über eine kurze Zeit kein Wasser mehr, so kann er es selbstverständlich wieder auffüllen, handelt es sich jedoch um eine längere Zeit, so stirbt er.

Unser Körper besteht zu 70 % aus Wasser. Das bedeutet, wenn ihr 100 gleiche Teile habt, sind davon 70 Teile Wasser. Wenn wir auf die Welt kommen sind es sogar 77 %, und während wir im Bauch unserer Mutter sind, steigt diese Zahl auf 95 %.
Das meiste Wasser befindet sich in unseren Zellen und in unserem Blut. Blut besteht zum allergrößten Teil aus Wasser. Es kreist ständig durch unseren Körper, bringt Nährstoffe und holt Abfallstoffe ab. Das Blut kreist so oft in unserem Körper, dass insgesamt 2.000 Liter Wasser durch die Nieren strömen und 1.400 Liter durchs Gehirn. Natürlich haben wir nicht so viel Wasser und Blut in unserem Körper. Es wird immer das gleiche Wasser und Blut benutzt. Der Mensch hat etwa 4-6 Liter Blut in seinem Körper.

Wasser liefert aber auch unseren Organen Nährstoffe und Energie. Hätten wir kein Wasser, so würden sogar unsere Knochen aneinanderreiben und unsere Augen so trocken werden, dass es schmerzhaft wäre. Es schmiert sogar unsere Gelenke!
Je älter wir werden, desto weniger Wasser hat unser Körper. Senioren z. B. bestehen nur noch aus 50 % Wasser. Sie trinken aber auch oft zu wenig. Auch bei dicken Menschen ist der Wasseranteil geringer, er wird vom Fett verdrängt.

Wasser kann aber noch viel mehr! Es regelt zum Beispiel die Temperatur in unserem Körper. Ohne Wasser würde unser Körper überhitzen.
Heißt das jetzt, du solltest den ganzen Tag Wasser trinken, weil es der Körper so dringend benötigt? Aber nein! Kinder sollten 1-2 Liter und Erwachsene 2-3 Liter, also in etwa acht Gläser am Tag trinken. Denn unser Körper verliert auch regelmäßig Wasser: Sobald wir auf die Toilette gehen, schwitzen, und sogar, wenn wir ausatmen, denn es ist immer auch ein bisschen Wasserdampf in unserer Atemluft. Ohne Wasser könnten wir nur etwa zwei Tage überleben. Trinken ist also lebenswichtig!

Fragen zum Text:

✓	1) Zu wie viel Prozent besteht unser Körper aus Wasser? Und wie viel Prozent sind es, wenn wir auf die Welt kommen? Unser Köpper besteht aus 70% Wasser. Und 77% wenn wir auf die Welt kommen.	2
✓	2) Wie viel Liter Wasser sollten Kinder am Tag trinken? Sie ~~müssen~~ sollten 8G 1-2 Liter Wasser trinken.	1
✓	3) In welchem Alter hat der Mensch nur noch 50% Wasser in seinem Körper? ~~In~~ Senioren haben 50% Wasser in seinem Körper.	1
✓	4) Wie viel Liter Blut hat der Mensch? Der Mensch hat 4-6 Liter blut.	1
≠	5) Wodurch verliert der Mensch Wasser? Der Mensch verliert Wasser, ~~wenn~~ Seim ~~er~~ ~~atmet~~ ausatmen, wenn er auf die WC geht und beim schwitzen.	3
—	6) Was würde mit unseren Knochen ohne Wasser passieren? Sie werden zu trocken und sich aneinander reiben und unsere Gelenke schmiert	1
✓	7) Wo befindet sich das meiste Wasser in unserem Körper? In der Zelle, ~~und blud~~ im Bludt.	2
✗	8) Was liefert Wasser den Organen? Wasser liefert Energie und Nährstoffe	2
—	9) Was holt das Wasser ab, wenn es durch unseren Körper kreist? Abfallstoffe.	1
✓	10) Wie lange können wir ohne Wasser überleben? Wir können nur 2 Tage ohne Wasser überleben.	1

Von 15 Punkten hast du 10 erreicht. (9)

3.7 Leseprobe - Das Rentier

Das Rentier

Wenn ich so aus dem Fenster blicke und zusehe, wie die Welt ganz langsam in weißer Watte versinkt, und die Schneeflocken unruhig vor meinen Augen tanzen, da bekomme ich ganz weihnachtliche Gefühle. Unweigerlich denke ich an meine Kindheit zurück, wenn man erwartungsvoll um das Weihnachtszimmer kreiste und darauf hoffte, dass das Christkind bald seine Weihnachtsgeschenke brachte. ❄

Aber wie machte es das? Oder war es eigentlich gar nicht das Christkind, sondern der Weihnachtsmann, der die Geschenke brachte? Bei mir war es noch das Christkind, aber diese Frage will ich lieber nicht weiterverfolgen. Vielmehr interessiert mich: WIE? Ich bin mir sicher, bei uns kamen die Geschenke durch den Kamin, zumindest hat das meine Mutter immer behauptet. Das war auch der Grund, warum man ihn erst wieder anzünden durfte, wenn das Christkind da war und alle Geschenke unter dem Baum lagen. Zündete man ihn vorher an, so warf das Christkind die Geschenke durch den Schornstein ins Feuer und dann fiel wohl das Auspacken aus!

Wenn man vom Schlittenfahren oder einem Weihnachtsspaziergang heimkam und der Schornstein rauchte, so war dies ein eindeutiges Zeichen: Die Geschenke lagen bereits unter dem Baum. Ein langweiliger Tee war durchzustehen. Eine Geschichte, ein paar Weihnachtslieder - dann konnte die Geschenkeschlacht beginnen. Aber wie waren sie nun tatsächlich gekommen? Benutzte das Christkind, der Weihnachtsmann, Niklas Jullebuk, Father Christmas, Père Noel, Waldemar Tannengrün oder Willi Wichtelmann nun einen Schlitten oder gar einen Motorschlitten oder noch schlimmere Verkehrsmittel?

Eigentlich war ich mir sicher, dass mein Christkind einen Schlitten benutzte, mit einem Rentier davor. Ein simples Rentier, ein großer hölzerner Schlitten, viele Geschenke und ein paar Glöckchen, ein weißes Christkind, ein roter Weihnachtsmann – falls der auch dabei war. Soweit ist eigentlich alles klar. Was mich jedoch zweifeln lässt, ist die Frage, ob es eigentlich ein Rentier gibt? Klar, ich habe von Elchen gehört, Hirschen, Eseln und Pferden und ich kann auch „Rudolph, the red nose reindeer" singen. Aber was ist ein Rentier und gibt es das überhaupt? Habe ich es schon einmal in einem Zoo gesehen? Nein, ich denke nicht.

In den Geschichten meiner Mutter war das Rentier sogar unsichtbar und verfressen! Es liebte Marzipan und Weihnachtsgebäck!

Bloß: Wie sollte es denn nun aussehen? Und wer sollte verdammt noch mal den Schlitten ziehen, wenn es gar kein Rentier gab? Ich blätterte in Büchern und suchte und suchte. Und tatsächlich, da war es! Es sah aus, wie ich es mir vorgestellt hatte! Ein bisschen wie ein Hirsch, ein bisschen wie ein Elch. Nichts von einem Esel oder Pferd.

„Das Rentier ist eine Hirschart und lebt in der Tundra, auf Grönland und in Nordamerika." Nun, das mit der Tundra und den anderen Ländern wollen wir mal dahingestellt sein lassen, denn: Wie sollte es mit meinem Christkind an Weihnachten bis nach Bayern kommen? Aber weiter im Text:

„Die Kopfrumpflänge kann 120 bis 220 Zentimeter betragen, die Schulterhöhe 90 bis 140 Zentimeter und das Gewicht 60 bis 300 Kilogramm." Mannomann, das reicht ja schon an das Gewicht eines Rennpferdes heran! „Das Fell ist dicht und lang, dunkel-graubraun oder, besonders bei domestizierten Tieren, auch hell. Im Winter ist es generell viel heller als im Sommer. Die "Peary-Karibus', die auf den hocharktischen Inseln Kanadas leben, vor allem auf der Ellesmere-Insel, tragen sogar ganzjährig ein fast weißes Fell. Die Färbung dient als Tarnung vor Fressfeinden; die dichte Unterwolle schützt im harschen arktischen Klima vor Kälte." Ja, genau das muss mein Weihnachtsrentier sein!

Nun, ob ich es mir ganz so groß vorgestellt habe, weiß ich nicht. Ich glaube, dass es zumindest etwas zierlicher war. Mein Rentier wog keine 300 kg, eher 60 kg!

Mal sehen, ob es sich von Äpfelchen und Zucker ernährt, oder Lebkuchen?

Was las ich denn da: „Rentiere sind vor allem Grasfresser; im Sommer nehmen sie aber fast jede pflanzliche Kost zu sich, die sie finden können. Im Winter sind sie durch Schnee und Eis überwiegend auf Rentierflechten, Moose und Pilze angewiesen." Ich bin mir aber sicher, Weihnachtsrentiere lieben Marzipan. ❄

Aber eines habe ich nun ja noch gar nicht geklärt! Was tragen sie denn eigentlich für ein Geweih? Ja, ich denke schon, dass sie eins haben, denn daran hingen ja auch die Glöckchen! Aber ich lese doch noch mal lieber nach: „Es ist die einzige Hirschart, bei der auch die Weibchen ein Geweih tragen." Gut, wenigstens das war richtig! Ich habe ja auch in Erinnerung, dass manch ein Rentier mit seinem Geweih den Schnee beiseiteschaffte, damit es überhaupt mit seinem Schlitten durchkam.

Mal sehen, ob das auch stimmt. ❄

„Die Geweihe sind stangenförmig und weit verzweigt; nur die tiefste Sprosse bildet am Ende eine kleine Verbreiterung, die auch als „Schneeschaufel" bezeichnet wird, da man früher annahm, das Rentier räume mit ihr den Schnee beiseite." Gott sei Dank, es scheint ja wirklich wahr zu sein! Und die Sache mit dem Christkind oder Weihnachtsmann klären wir dann nächstes Jahr! ❄

Zitate aus Wikipedia

Fragen zum Text:
Antworte in vollständigen Sätzen!

1) Zu welcher Jahreszeit wird der Text erzählt? ____	1
2) Wer kam zum Erzähler, der Weihnachtsmann oder das Christkind? ☐ Weihnachtsmann ☐ Christkind ☐ niemand	1
3) Wie kamen die Geschenke zum Erzähler? ____ ____	1
4) Was geschah alles, bevor man die Geschenke auspacken durfte? ____ ____ ____ ____	5
5) Welche anderen Namen für Weihnachtsmänner werden noch genannt? ____ ____	5
6) Wo lebt das Rentier? Welche drei Orte findet der Erzähler in seinen Büchern? Und welche zwei weiteren werden genannt? ____ ____ ____ 	5

7) Wie hoch und wie schwer kann ein Rentier werden? ____________________ ____________________ ____________________	2
8) Wie kann das Fell die Rentiere schützen?  ____________________ ____________________ ____________________	2
9) Was fressen Rentiere? ____________________ ____________________ ____________________ ____________________	4
10) a) Haben Rentiere Geweihe und wie sehen sie aus? ____________________ ____________________ ____________________	3
b) Wer hat ein Geweih? ☐ Männchen ☐ Weibchen ☐ beide ☐ keiner	1

Viel Glück!

Von 30 Punkten hast du ______ erreicht.

3.8 Leseprobe – Kommunikation – früher und heute

Kommunikation – früher und heute

Die Zeiten ändern sich. Andauernd gibt es Veränderungen und oft vergessen wir, wie es früher war.
Wollte ich als Kind meiner Freundin schreiben, so überlegte ich als erstes, welches Briefpapier ich verwenden wollte, um dann einen Brief zu schreiben, ihn in einen Umschlag zu stecken, eine Briefmarke darauf zu kleben und ihn dann in den Briefkasten zu stecken. Tage danach konnte sie ihn lesen.
Etwas später hatte ich bereits die Möglichkeit, das Faxgerät in der Kanzlei meines Vaters zu benutzen, und flugs war mein Brief in der Praxis des Vaters meiner Freundin. Aber wer schreibt heute noch einen Brief oder gar ein Fax?

Wenn meine Söhne etwas von ihren Freunden wissen wollten, dann gingen sie auf Facebook oder schrieben eine Nachricht. Das ist auch schon wieder veraltet.
Sie telefonieren über das Internet mit Menschen am Ende der Welt oder senden Bildnachrichten über ihr Handy. Manchmal schreiben sie sogar eine E-Mail, aber auch das ist eigentlich schon etwas angestaubt. Sie benutzen mal BBM, dann WhatsApp, FaceTime, Snapchat und vieles mehr, was ich noch gar nicht kenne. Alle Nachrichten erhält der Empfänger innerhalb einer Sekunde oder weniger.
Mein Vater wurde früher, wenn er beim Segeln war, von seiner Sekretärin angefunkt. Er teilte ihr vorher die Frequenz seines Funkgerätes mit und wenn man Glück hatte, konnte man sich verständigen. Heute verlässt kein Geschäftsmann mehr das Büro ohne sein Handy.
All das ist Kommunikation und sie verändert sich andauernd. Wir unterhalten uns, wir schreiben, wir informieren uns und wir lesen und geben unser Wissen weiter. Wir kommunizieren. Doch dies tun wir immer wieder anders; heute auf eine andere Art, als wir es in 50 Jahren tun werden.
Aber wie war das denn ganz, ganz früher? Bevor es Handys, Telefone, Telefax oder ein Funkgerät gab?
Man machte Zeichen. Die Indianer in Nordamerika haben Rauchzeichen benutzt, um sich zu verständigen.
In Afrika kommunizierte man mittels Trommelsprache. Trommeln waren aus deutlich weiterer Entfernung zu hören, als die Stimme.

In Deutschland benutzten Jäger z. B. das Waldhorn, um anderen mitzuteilen, dass ein Reh geschossen wurde.
Die Kommunikation endete aber bereits dann, wenn man sich nicht mehr sehen oder hören konnte.

Ein Lichtzeichen ist uns über all die Jahre erhalten geblieben: der Leuchtturm.
Auch gegenwärtig geben wir noch Zeichen. Wir hupen, Kirchenglocken läuten oder Fluglotsen geben Lichtzeichen. Derzeit kann man über den gesamten Globus kommunizieren und die Technik gibt uns mittlerweile sogar noch die zusätzliche Möglichkeit, uns dabei nicht nur zu hören, sondern auch zu sehen.

Nach den Zeichen begann der Mensch etwas aufzuschreiben. Zuerst auf Papyrus. Man hatte noch keine Buchstaben, sondern malte kleine Bilder. Einige Völker verwenden heute noch Bildzeichen.
Es entstanden die ersten Bücher. Diese waren aber sehr teuer und deshalb nur sehr Wenigen zugänglich.

Eines der bedeutendsten Druckwerke in Europa, welches auch das bekannteste ist, ist die Gutenberg-Bibel. Johannes zu Gutenberg hatte diese im 15. Jahrhundert gedruckt und gilt als Erfinder des Buchdrucks. Dabei wurden die einzelnen Buchstaben noch in einen Holzstempel geschnitzt - mit 42 Druckzeilen pro Stempel - um diesen dann auf Papier zu drucken.

Man geht davon aus, dass Gutenberg als wohlhabender Sohn die Lateinschule besuchen durfte und später die Universität. Daher entwickelte er eine Liebe zur Lehre und wollte ein Mittel erfinden, um diese weiterzugeben.
Die Kunst des Buchdrucks verbreitete sich in wenigen Jahrzehnten über ganz Europa.

Neuigkeiten und Wissen konnte man nun nicht nur aus Erzählungen anderer oder auf dem Markt zu hören bekommen, sondern man konnte es auch lesen.
Erst im 18. Jahrhundert wurde Pergamentpapier industriell hergestellt, und Nachrichten wurden mit einem Boten versandt. Dieser lief oder ritt zu dem Bestimmungsort seiner Nachricht.
Oft übermittelte ein Bote die Nachrichten des Königs und gab diese auf verschiedenen Marktplätzen kund. Steuererhöhungen z. B. wurden auf diese Weise mitgeteilt.

Aber auch das gedruckte Buch ist vielleicht schon bald überholt. Viele lesen bereits heute gerne auf einem Computer, dem Handy, dem Kindle oder einem Tablet. Manche behaupten, das Buch wäre am Aussterben. (Ich habe immer noch Regale voll davon.) Deutsche Namen für diese neuen Geräte gibt es auch nicht mehr.
Die drahtlose Kommunikation wurde von dem Amerikaner Samuel F. Morse erfunden. Da er auch Maler und Bildhauer war, entstand 1837 sein erster Telegraf aus einer Staffelei.

Am Rahmen war ein Pendel mit einem Stift aufgehängt. Unterhalb des Pendels zog ein Uhrwerk einen aufgerollten Papierstreifen. Solange kein Strom durch den Elektromagneten floss, zeichnete der Stift einen geraden Strich. Sobald aber Strom floss, zog ein Magnet das Schreibpendel an, und auf dem Papier entstand ein V-förmiger Zacken. Jeder Zacken stand für eine Zahl. Diese Art der Kommunikation war eine Revolution und wurde besonders in Kriegszeiten benutzt.
Das Militär gab auch den Anstoß zur Erfindung des Telefons. Eine schnellere Kommunikation war erwünscht.

Der Pariser Telegrafenbeamte Charles Bourseul verfasste darauf ein Referat über mögliche Techniken der elektrischen Sprachübertragung. Man hielt ihn allerdings für einen verrückten Spinner.

Im Jahre 1861 war Johann Philipp Reis schließlich der Erste, dem es gelang, eine funktionierende, elektrische Fernsprechverbindung aufzubauen. Die Erfinder Watson und Bell entwickelten diese Form weiter und kamen dem Telefon, wie wir es heute kennen, deutlich näher.
Doch wie gesagt, auch das Telefon in seiner ursprünglichen Form ist bereits veraltet und wir können alle gespannt sein, wie es weitergeht!

Fragen zum Text:
Antworte in vollständigen Sätzen!

1) Was versteht man unter Kommunikation?	2
2) Welche Möglichkeiten der Kommunikation kennst du von heute? Nenne drei Möglichkeiten.	3
3) Welche Möglichkeiten der Kommunikation hatte die Autorin als Kind? Nenne auch hier drei.	3
4) Nenne sechs Möglichkeiten, wie man in heutiger Zeit kommunizieren kann!	3

5) Überlege dir, was wir durch unsere technischen Hilfsmittel alles erfahren können. Nenne mindestens drei Dinge!	3
6) Warum waren Bücher früher kostbar?	2
7) Wie verständigten sich die Indianer Nordamerikas oder die Einwohner Afrikas über weitere Strecken?	2
8) Auch in Deutschland benutzte man Töne zur Verständigung. Nenne ein Beispiel!	1
9) Wer erfand den Buchdruck, und wann war das? Was war das erste gedruckte Buch?	3

10) Wer erfand die drahtlose Kommunikation? In welchem Land war das? ____________________ ____________________ ____________________ ____________________	2
11) Woraus baute er sein erstes Morsegerät? ____________________ ____________________	1
12) Wie übermittelte ein König seinen Untertanen damals eine Steuererhöhung? ____________________ ____________________ ____________________ ____________________	2

Von 27 Punkten hast du ________ erreicht.

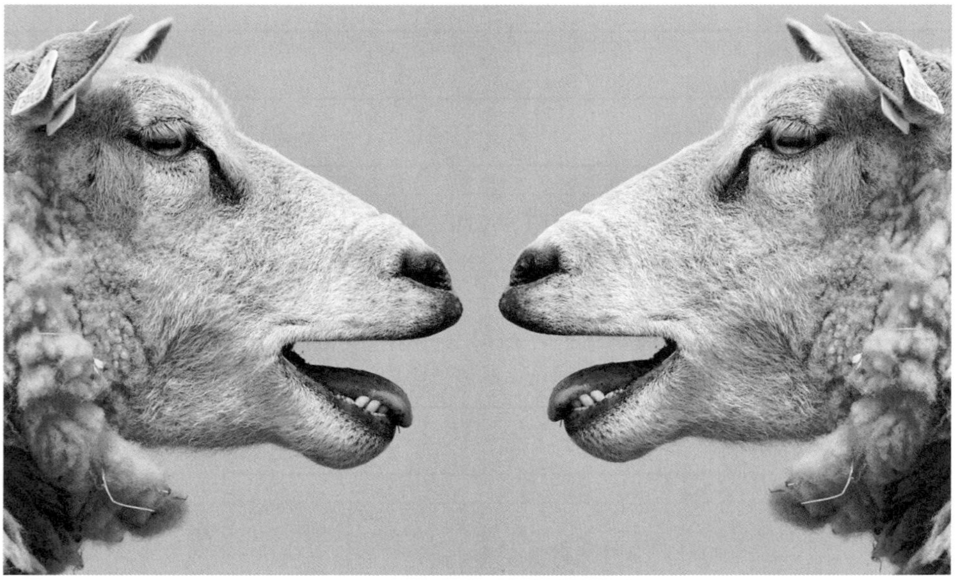

3.9 Leseprobe – Vulkane

Vulkane

Unser „Blauer Planet" Erde war vor langer Zeit ein glühender Feuerball. Da es im Weltall kalt ist, kühlte die Erde sich langsam ab und somit konnte Leben auf der Erde entstehen. Im Erdinneren jedoch ist die Erde immer noch sehr heiß.

Ein Vulkan ist eine Stelle an der Erdoberfläche (Erdkruste), an der geschmolzenes, rotglühendes Gestein aus dem Erdinneren zu Tage tritt. Bei diesem Vorgang entstehen vulkanische Berge von unterschiedlicher Höhe. Vulkane werden auch als „Feuerberge" bezeichnet.

Die meiste Zeit verhalten sich Vulkane ruhig und friedlich wie andere Berge. Aber irgendwann werden sie plötzlich aktiv. Die extreme Hitze bringt das innere Gestein zum Schmelzen, welches man Magma nennt. Das Magma sammelt sich in Hohlräumen in einer Tiefe von circa 100 km im Erdinneren. Dort herrscht eine Temperatur von 1000 – 1300 Grad Celsius. In diesen Kammern bilden sich Gase, durch die das Magma mit großer Kraft Richtung Erdoberfläche geschleudert wird. Die äußere abgekühlte Erdkruste ist ziemlich dünn und kann durch das Magma aufgerissen werden. Die Stelle, an der das Magma austritt, bezeichnet man als Vulkan. Ausgetretenes Magma nennt man Lava. Die Lava erstarrt an der Erdoberfläche und es entstehen vulkanische Felsen und Berge.

Ein Vulkanausbruch heißt in der Fachsprache „Eruption" und bringt Verderben und Zerstörung für die direkte Umgebung - für Mensch, Tier und Pflanzenwelt. Weite Teile der Landschaft werden mit Lava und Asche bedeckt. Nach kurzer Zeit aber kehrt Leben zurück und es entsteht ein fruchtbarer Boden. Erste Pflanzen wachsen in der fruchtbaren Asche, sowohl Menschen als auch Tiere können sich wieder ansiedeln.

In Europa gibt es vor allem in Italien noch aktive Vulkane. Der Ätna ist Europas größter aktiver Vulkan. Aber auch in Island brechen immer wieder Vulkane aus. Im Jahr 2010 wurde durch den Ausbruch des Vulkans „Eyjafjallajökull" sogar der Luftverkehr für einige Tage beeinträchtigt.

Der Vulkan Stromboli - auch in Italien - ist Europas einziger „daueraktiver" Vulkan. Er spuckt die glühende Lava mehrmals täglich aus.

In Deutschland gibt es schon sehr lange keine aktiven Vulkane mehr. Vor etwa 10.000 Jahren brach in der Eifel der letzte Vulkan aus. Aus dieser Zeit findet man dort viele sogenannte Maare. Maare sind nicht mehr aktive Vulkane, die sich mit Wasser gefüllt haben und in denen man heute oftmals schwimmen kann. Die umliegende Landschaft ist häufig sehr grün und fruchtbar.

Einer der berühmtesten Vulkanausbrüche überhaupt war der Ausbruch des Vesuvs vor knapp 2000 Jahren. Dieser verheerende Vulkanausbruch führte zum Untergang der Stadt Pompeji im Jahre 79 nach Christus. Tausende von Menschen starben, begraben von einer mächtigen Aschedecke.

Etwa 1500 Jahre später, gegen Ende des 1600 Jahrhunderts, wurden bei Kanalbauarbeiten Marmortafeln und Münzen gefunden. Nach mehreren erfolglosen Ausgrabungen wurde schließlich im Jahr 1763 eine Stadttafel mit der Inschrift „Pompeji" entdeckt. Somit war nun endgültig klar, dass es sich bei den Ausgrabungen um die Entdeckung der Stadt Pompeji handelte.

Die Stadt war, eingegraben unter der Aschedecke, noch sehr gut erhalten.

475 Wörter Text: Mandana Mandl 2015

Fragen zum Text:
Antworte in vollständigen Sätzen!

1)	Warum können wir heute auf der Erde leben? Erkläre mit Hilfe des Textes. ____________________ ____________________ ____________________ ____________________	2
2)	Kreuze die richtige Antwort an. Magma ist... ○ der Name eines Gebirges ○ flüssiges Gestein im Erdinneren. ○ das gleiche wie Lava. ○ ein Gas im Hohlraum.	1
3)	Kreuze die richtige Antwort an. Lava ist... ○ ein hoher Ascheberg ○ ausgetretenes Magma. ○ ein Vulkanausbruch. ○ eine Hohlraumkammer in der Erdkugel.	1
4)	In welcher Tiefe im Erdinneren befindet sich das Magma und wie viel Grad Celsius hat es dort? ____________________	2
5)	Wie lautet ein Vulkanausbruch in der Fachsprache? ____________________	1
6)	Was ist ein Maar? Kreuze an. Ein Maar ist ... ○ ein anderes Wort für Meer. ○ ein Hohlraum in der Erdkugel. ○ ein mit Wasser gefüllter Vulkan. ○ ein grauer, hoher Berg aus Asche.	1

7)	Stimmt es, dass es gefährlich ist, in einem Vulkansee in der Eifel zu baden? Begründe mit Hilfe des Textes. ____________________ ____________________ ____________________	3
8)	Welche Auswirkung hat ein Vulkanausbruch auf die direkte Umgebung? Finde die passende Stelle im Text und notiere sie. ____________________ ____________________ ____________________ ____________________ ____________________	3
9)	Der nach einem Vulkanausbruch mit Asche bedeckte Boden: ○ ist für immer zerstört. ○ wird nach kurzer Zeit zu einem sehr fruchtbaren Boden. ○ wird zu einem Meer. ○ wird zu einem Berg.	1
10)	Wie heißt der einzige daueraktive Vulkan Europas und zu welchem Land gehört er? ____________________	2
11)	Wann und wo fand einer der berühmtesten Vulkanausbrüche aller Zeiten statt? ____________________ ____________________ ____________________	3

12)	Woher wusste man bei den Ausgrabungen, dass es sich tatsächlich um Pompeji handelte? In welchem Jahr hat man diese Gewissheit erlangt? ____ ____	2
13)	Wie heißt der größte Vulkan Europas? ____	1
14)	Welche Folgen hatte der Ausbruch des Vulkans Eyjafjallajökull im Jahr 2010? ____ ____	2

Viel Erfolg!

Du hast ___________ von 25 Punkten erreicht.

3.10 Leseprobe – Der Hund und der Hahn

Der Hund und der Hahn

Nacherzählung nach Aesop

Der Hahn und der Hund waren gute Freunde. Und da sie so gute Freunde waren, wollten sie gemeinsam eine Reise unternehmen. Denn Freunde unternehmen gerne etwas zusammen.

Also machten sich die beiden auf den Weg. Manchmal schliefen sie in Ställen oder fanden in Gärten Unterschlupf. Einmal aber waren sie zu spät, um ein passendes Quartier zu finden. Sie hatten sich im tiefen Wald verlaufen und waren nicht mehr vor Eintritt der Dunkelheit aus dem Gehölz gekommen. Also blieb ihnen nichts anderes übrig, als dort zu übernachten.

Beide suchten lange nach einem guten Platz für die Nacht. An diesem Abend waren sie schon sehr, sehr müde, sodass sie schon aufgeben wollten, als der Hund bellte: „Schau nur Hahn, dieser wunderschöne alte Baum ist innen hohl. Du schläfst in der schönen Krone und ich im hohlen Stamm!“ Der Hahn stimmte ihm zu: „Ja, das ist eine wunderbare Idee.“ Die zwei liefen und flogen mit letzter Kraft zu ihrem gefundenen Schlafplatz und waren alsbald eingeschlafen.

Leider aber krähte der Hahn nach alter Gewohnheit im Schlaf und das hörte ein hungriger Fuchs, der sich gleich auf den Weg machte, den schönen Brocken zu suchen.

Als er den Baum und Schlafplatz ausgemacht hatte, wandte er seinen Kopf nach oben und flötete: „Ach Hahn, du wunderbares Geschöpf mit so schöner Stimme! Komm herunter und lass dich umarmen!“

Der Hahn erschrak zuerst, legte dann den Kopf schief, um besser nachdenken zu können und antwortete dann geistesgegenwärtig wie er war: „Gerne du freundliches Tier, aber wecke doch bitte erst meinen Türwächter, damit ich besser heruntersteigen kann!“

Sogleich klopfte der Fuchs an den hohlen Baum und weckte den Hund. Dieser sprang auf und zerriss den Fuchs. Bald war von diesem nicht mehr viel übrig.

Hahn und Hund aber verbrachten gemeinsam weiterhin eine wunderbare Reise.

Fragen zum Text: Antworte immer in ganzen Sätzen! Nimm ein eigenes Blatt!

1) Finde andere Worte im Text für folgende Bezeichnungen: **5**

gemeinsam		Dämmerung	
Unterkunft (Zwei Begriffe)		Tier / Lebewesen	

2) Steht in dem Text wohin die Reise gehen soll? Ja ☐ Nein ☐ **1**

3) Warum schliefen sie in dieser Nacht nicht in einem Stall? **1**

4) Woran erkennt man, dass es sich um eine Fabel handelt? **1**

5) Welche Worte werden im Text anstatt „sagen" genannt? Schreibe sie in der **Grundform** auf. **4**

6) Welche schlechte Angewohnheit hat der Hahn im Schlaf? **1**

7) Welches Tier wird dadurch angelockt? **1**

8) Mit welchem Satz versucht das Tier den Hahn herunter zu locken? **2**

9) Wer ist mit „Türwächter" gemeint? **1**

10) Wie rettete sich der Hahn vor dem Fuchs? **2**

11) Konnten die Freunde die Reise gemeinsam fortsetzen? Kreuze an! **1**

☐ ja ☐ nein ☐ steht nicht im Text

Viel Erfolg!

Von 20 Punkten hast du ______ erreicht.

3.11 Leseprobe – Unser Meer, unsere Müllkippe?

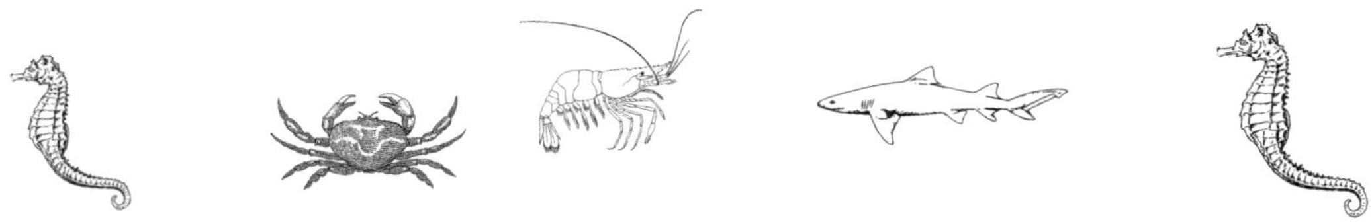

Unser Meer, unsere Müllkippe?

Sicherlich bist du schon mal an einem Strand gewesen und vielleicht ist dir dann aufgefallen, wie viel Müll an solchen Stränden zu finden ist. Eventuell hast du auch die eine oder andere Plastikflasche oder Tüte liegen gelassen; oder wenn du mit einem Boot unterwegs warst, hast du möglicherweise Müll ins Meer geworfen. Leider machen das sehr viele Menschen.

Zum einen kann dieser Müll einem Boot in die Schraube geraten, was nicht wirklich dramatisch, aber dennoch unangenehm ist. Der Kapitän wird sich dann genötigt sehen, ins Meer zu springen, zu seiner Schiffsschraube zu tauchen, und das Plastik, die Leinen, oder was auch immer sich in seiner Schraube verheddert hat, wieder loszubekommen, um sein Schiff wieder manövrierfähig zu machen.

Schlimmer aber ist, was der Mensch seiner Umwelt antut. Nicht nur indem er sehr viel Plastik produziert, damit nicht achtsam ist, und seinen Müll einfach überall liegen lässt, bzw. diesen im schlimmsten Fall einfach ins Meer wirft.

Wir sprechen hier nicht von schrecklichen Unfällen, wie z. B. der Bohrinsel-Explosion im Golf von Mexiko 2010. Bei der Explosion der Bohrinsel „Deepwater Horizon" sind vom 24. April 2010 bis 16. Juli 2010 jeden Tag ca. 6,4 Millionen Liter Öl ins Meer geflossen. Das gesamte Umfeld wurde zerstört, Tiere verendeten in Ölteppichen, und ganze Strandgebiete wurden mit einer braunen Ölbrühe überzogen.

Wir sprechen von einem Umweltproblem, das jeder von uns vermeiden kann.
Wir alle sollten uns genau überlegen, wie viele Plastikprodukte wir kaufen, ob es eine weitere Plastiktüte oder Verpackung sein muss und wie wir sie entsorgen. Nie sollten wir vergessen, dass eine Plastiktüte 30 Jahre benötigt, um sich aufzulösen.
Wir alle können aufräumen, wenn wir an einem Strand gewesen sind. Wir können unseren Müll immer mit nach Hause nehmen und dort richtig entsorgen. Jedes Tier wird es uns danken.
Müll im Meer ist kein neues Phänomen. Das Problem bekommt jedoch eine neue Dimension, wenn man sich die gigantischen Mengen des im Meer treibenden Mülls vor Augen führt.
Zivilisationsmüll in Form von Plastikprodukten gilt als besonders gefährlich: Seine Langlebigkeit von bis zu 450 Jahren (also 15 Generationen!!), die verheerenden Konsequenzen für die Tierwelt und seine Eigenschaft, als sogenannter *Giftschwamm* Chemiegifte zu speichern, machen Plastikmüll zu einer akuten und anwachsenden Bedrohung für die Ozeane.
Durch die Strömung wird der Müll viele Kilometer weit transportiert und schwimmt teilweise jahrelang durch unsere Weltmeere.
Obwohl der Müll überall verbreitet ist, gibt es dennoch Orte, wo es besonders schlimm ist. Ein solcher Brennpunkt liegt im Nordost-Pazifik zwischen den Inseln Hawaiis und dem amerikanischen Festland. Dort entsteht durch ein großes Hochdruckgebiet ein gigantischer Meeresstrudel, der sich im Uhrzeigersinn dreht.

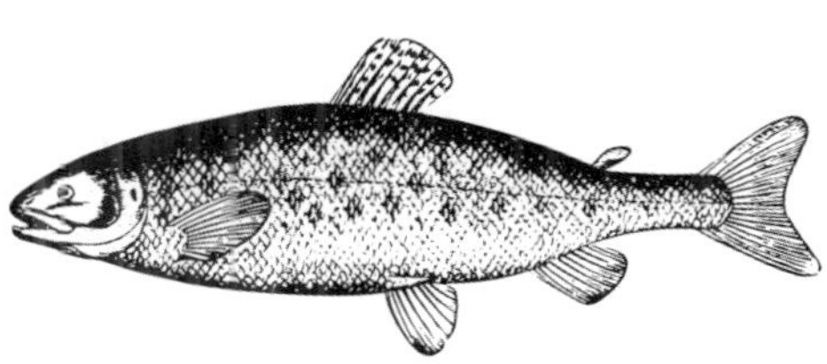

Die Folge ist ein riesiger, nahezu geschlossener, Müllteppich, der mittlerweile die Größe Zentraleuropas erreicht hat. Japanische Wissenschaftler sagen voraus, dass jedes in den Nordpazifik eingebrachte Plastikteil über kurz oder lang in diesem Müllstrudel endet. Solch ein Plastikteil kann bis zu 16 Jahre in diesem Strudel gefangen bleiben. Doch das Problem ist nicht nur auf den Pazifik beschränkt. Was aber bedeutet der Müll für den Einzelnen?

267 verschiedene Tierarten fallen weltweit jährlich dem Unrat im Meer zum Opfer. Teilweise verhängen sich die Tiere in ihm und kommen nicht mehr frei, oder sie fressen den Müll, da sie ihn für Nahrung halten. Jedes Jahr verenden allein über 1.000.000 Seevögel und 100.000 Meeressäuger qualvoll durch das Plastik, das in unseren Meeren treibt.

Eine traurige Geschichte ist auch die der Albatrosküken. Vor Hawaii wurden mehrere Albatrosküken tot aufgefunden. Ärzte untersuchten die Tiere. In den Mägen von 55 Küken wurde Plastik gefunden. Es handelte sich dabei um kleinere und größere Partikel, die für die Tiere unverdaulich sind. Sie wurden von der Albatros-Mutter aus dem Meer gefischt und an ihre Küken verfüttert.

Plastikmüll ist oft auch im Mageninhalt kleiner Fische. Diese verfüttert die Vogelmutter unwissend ihren Küken und bringt ihnen so den Tod. Sie ist über Jahrtausende gewohnt, dass es sich bei allem, was im Meer schwimmt, um Naturprodukte handelt.

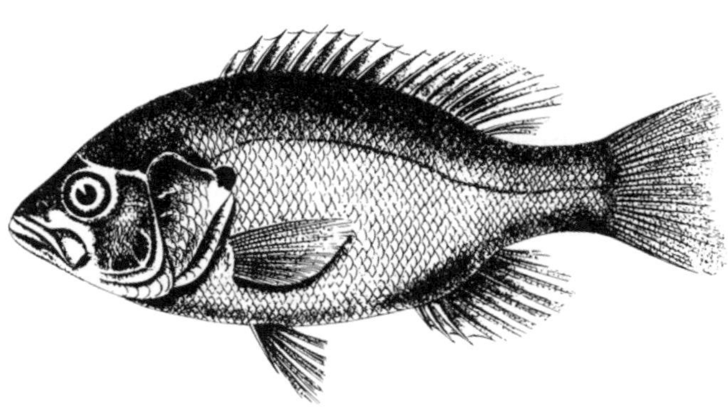

Was uns aber allen bewusst sein sollte ist, dass sich dieses Plastik nicht nur in der Nahrungskette des Albatrosses wiederfindet, sondern auch in unserer. Sicherlich verwechseln wir nicht Plastikteile mit Nahrungsteilen, aber auch wir essen Fische, die wiederum andere Fische gefressen haben, die Plastik im Magen hatten. Da dieses Plastik als „Giftschwamm" gilt (also Gifte von außen aufnimmt und auch für uns giftig ist), können auch wir mit jedem Meerestier Gift zu uns nehmen. Das Plastik zieht sich also auch durch unsere Nahrungskette.
Aber als Menschen haben wir einen gravierenden Vorteil gegenüber den wehrlosen Tieren! Wir kennen die Ursache und wissen, dass etwas falsch läuft und könnten aufhören, unsere Meere zu verschmutzen!

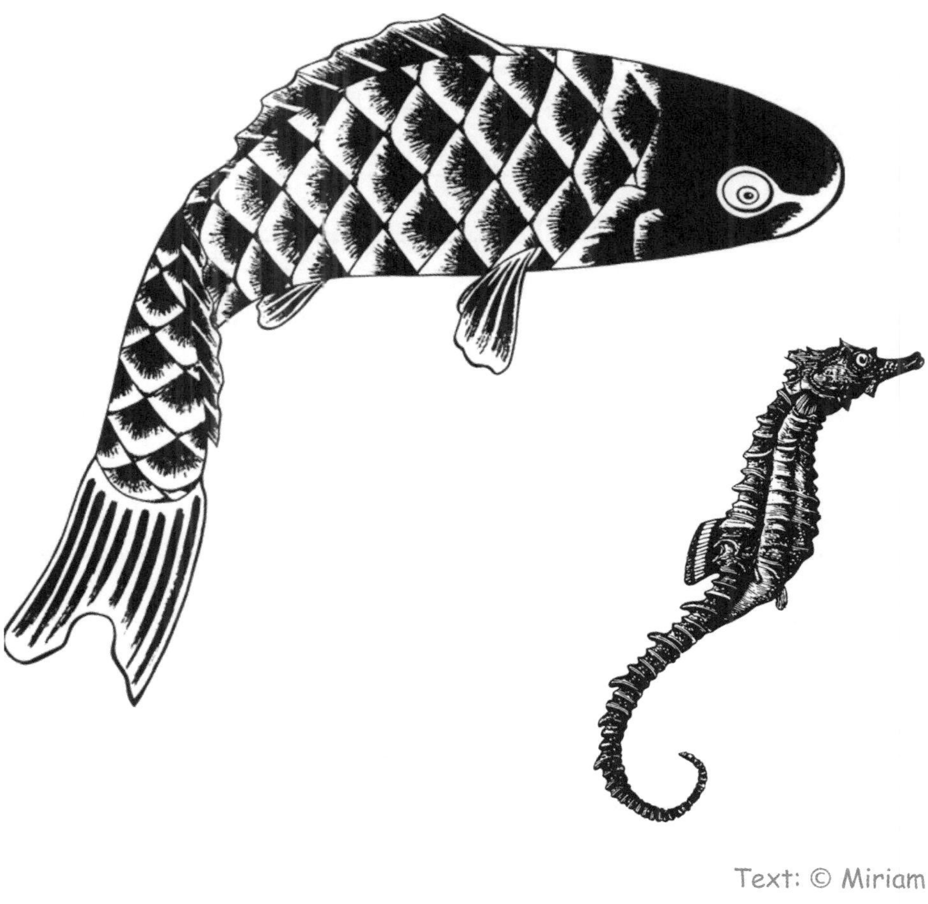

Text: © Miriam Reichel

Fragen zum Text:

1) Wen beschuldigt der Autor indirekt als Verursacher der Müllproblematik im Meer?	1
2) Welchen Schaden kann Müll im Meer an Schiffen verursachen? Welche Folge hat das gegebenenfalls für das Schiff? 	2
3) Welchen (Umwelt-) Unfall nennt dieser Bericht? Welcher „Müll“ oder Fremdkörper gelangte hierbei ins Meer?	2
4) Müll gab es schon immer im Meer. Was ist heute anders? Nenne zwei wichtige Gründe!    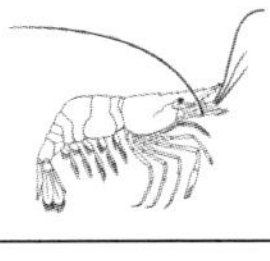 	4
5) Was versteht man unter Giftschwamm?	2

6) In welchem Ozean sammelt sich der Müll besonders und warum? 4

____

____

____

____

7) Welche Wörter werden im Text anstelle von „groß" verwendet? Finde zwei! 2

____

____

8) Wie lange kann ein Plastikteil im „Müllstrudel" gefangen" bleiben? 1

☐ 1 Jahr	☐ 6 Monate	☐ 16 Monate	☐ 16 Jahre
☐ 450 Jahre	☐ 26 Monate	☐ 16 Wochen	☐ 30 Jahre

9) Wie viele verschiedene Tierarten fallen jährlich dem Müll zum Opfer? Unterstreiche die Textstelle, welche die Lösung enthält. 2

☐ 268	☐ 278
☐ 267	☐ 567
☐ 345	☐ 378

10) Aus welchen Gründen sterben die Tiere am Müll? Nenne zwei Gründe und schreibe vollständige Sätze auf! 2

____

____

____

Viel Glück!
Von 22 Punkten hast du ________ erreicht.

3.12 Leseprobe – Die Fledermäuse

Fledermäuse gehören zu den Säugetieren. Der Name „Säugetiere" kommt daher, dass Säugetiere ihre Jungen mit Muttermilch säugen. Es gibt mehr als 900 verschiedene Fledermausarten.

Fledermäuse sind Höhlentiere. Sie nutzen die Höhlen tagsüber zum Schlafen und im Winter für ihren Winterschlaf. Wenn die Sonne untergeht, verlassen sie die Höhlen und jagen nach Insekten. Fledermäuse fliegen sozusagen mit den Händen. Ein Fledermausflügel besteht aus einer Flughaut, die zwischen dem Körper, den Armen und den Fingern gespannt ist.

Die Jungen der Fledermäuse werden im Sommer geboren. Dazu leben die Muttertiere mit vielen anderen Weibchen in sogenannten Wochenstuben zusammen, wo die Jungtiere aufgezogen werden. Fledermäuse sind bei der Geburt nackt und blind und werden von der Mutter mit Milch ernährt. Sie haben zwar ein Fell, doch das schützt sie nicht vor Kälte. Wenn der Winter kommt, fliegen sie deshalb in ihre Winterquartiere: Felsenhöhlen, hohle Bäume und alte Gebäude. Sie hängen sich kopfüber an die Decke und halten einen Winterschlaf. D. h., dass sie erst wieder im Frühjahr aufwachen. Aus diesem Grund fressen sie sich im Sommer einen Nahrungsvorrat an, um während ihres Winterschlafs von der Fettschicht zehren zu können.

Es ist ein Gerücht, dass auch die ausgewachsenen Fledermäuse blind sind. Sie können nur nicht so sehen wie wir. Sie unterscheiden nur hell und dunkel. Viele Jahrhunderte lang hat man sich gewundert, wie die Fledermäuse in völliger Dunkelheit ihren Weg finden. Inzwischen weiß man, dass sie sich auf ihre hervorragenden Ohren verlassen können. Im Flug stoßen die Fledermäuse sehr hohe Laute aus. Diese nennt man Ultraschalltöne. Für den Menschen sind sie nicht hörbar. Die Fledermäuse aber hören sie. Die Echos werden von den Hindernissen zurückgeworfen und die Fledermäuse fangen sie mit ihren großen Ohren auf. Eine besondere Unterart der Fledermäuse nennt man Vampirfledermäuse. Sie leben in Mittel- und Südamerika und ernähren sich vom Blut anderer Säugetiere oder Vögel.

Heute werden viele Fledermausarten immer seltener, weil ihre Lebensräume zerstört werden. Sie finden immer weniger Nahrung und auch weniger Plätze für sich und ihre Jungen. Daher sind fast alle Arten von Fledermäusen vom Aussterben bedroht. Aus diesem Grunde sind sie in Deutschland auch geschützt.

Fragen zum Text:
Antworte in vollständigen Sätzen!

1) Warum gehören die Fledermäuse zu den Säugetieren und in welchen Zeilen steht das?	3
2) Aus welchem Grund verlassen die Fledermäuse abends ihre Höhlen? Gib eine genaue Antwort!	2
3) Wie ist der Fledermausflügel aufgebaut? Unterstreiche den passenden Satz im Text blau.	1
4) Zu welcher Jahreszeit werden die Fledermäuse geboren? In welcher Zeile findest du die Antwort?	2
5) Nenne aus dem Text drei Möglichkeiten, wo die Fledermäuse Winterschlaf halten?	3

6) Erkläre den Begriff ‚Winterquartier' mit eigenen Worten. Was bedeutet dieser Ausdruck? ____ ____	2
7) Wie ernähren sich die Fledermäuse im Winter? ____ ____	2
8) Wie ernähren sich Vampirfledermäuse? ____ ____	3
9) Die Insekten sterben in Deutschland immer mehr aus. Ist das ein Problem für die Fledermäuse? ____ ____	2
10) Kreuze alle richtigen Antworten an! ○ Es gibt über 9000 verschiedene Fledermausarten. ○ Fledermäuse haben sehr schlechte Ohren. ○ Die Muttertiere leben mit anderen Müttern in Wochenstuben zusammen. ○ Im Winter fliegen die Fledermäuse in ein wärmeres Land. ○ Vampirfledermäuse leben in Mittel- und Südamerika.	5

Von 25 Punkten
hast du ___ Punkte erreicht.

3.13 Leseprobe – Immer diese Mimi

Immer diese Mimi

Meine Eltern wollten am Wochenende ausgehen. Ich sollte Samstagabend alleine zu Hause bleiben. Meine Mutter wollte mich beruhigen und sagte, dass ja nichts passieren würde. Auch würde sie die Alarmanlage anstellen und ich könnte ganz beruhigt schlafen. Ich hatte aber gar keine Angst, ganz im Gegenteil! Endlich könnte ich in aller Ruhe fernsehen, solange ich wollte und was ich wollte! Ich hatte vor, das Fernsehprogramm zu studieren, um mich bestens auf das Wochenende vorzubereiten.

Da meine Mutter doch ein etwas schlechtes Gewissen hatte, besorgte sie mir noch einiges zum Naschen. Umso besser! Ich würde ihr nicht verraten, wie sehr ich mich freute!

Endlich kam das Wochenende und der Samstagabend nahte. Meine Mutter kochte mir noch etwas zum Abendessen und dann machte sie sich fertig, was ja immer ewig dauert. Mir kam es noch länger vor, denn ich wollte endlich alleine im Haus sein. Schließlich kam sie duftend aus dem Bad und mein Vater hatte nach ewiger Sucherei endlich seine Schuhe gefunden. Wie lange es doch dauern kann, bis Eltern einmal fertig sind! Natürlich legte sie mir noch einmal ihre Telefonnummer hin, erklärte mir zum 100. Mal die Alarmanlage, und gab mir noch einen dicken Kuss auf die Stirn.

Ich hingegen konnte es kaum erwarten, bis sie aus dem Hause waren, denn mein Film sollte jede Minute losgehen! Ich hatte überhaupt keine Zeit für Belehrungen! „Tschüss Lealein!" Na endlich!
Ich machte es mir im Fernsehsessel gemütlich und beschloss, mir keinen gruseligen, sondern lieber einen lustigen Film anzuschauen. In der Werbepause stellte ich den Ton ab, setzte mir ein Teewasser auf, und ging kurz ins Arbeitszimmer, da ich noch etwas aufschreiben musste.

Plötzlich raschelte etwas. Ich dachte mir nichts dabei und schrieb weiter. In den Werbepausen wollte ich doch noch schnell meine Hausaufgaben machen, da ich am nächsten Tag keine Zeit dafür haben würde. Ich arbeitete also weiter, aber als ich wieder etwas hörte, machte ich mir langsam Sorgen.

Ich versteckte mich hinter dem Vorhang, schaltete das Gartenlicht an und versuchte zu sehen, ob jemand im Garten war.
Ich konnte niemanden sehen, aber ich sah ja auch nur den halben Garten! Schon wieder raschelte etwas und mir lief ein Schauer den Rücken runter.
Ob ich Papa anrufen sollte? Aber würde der Alarm nicht angehen, wenn jemand im Garten wäre? Es raschelte noch einmal und plötzlich war mir klar, dass es nicht im Garten war, sondern im Haus! Ich blieb hinter meinen Vorhang stehen und kontrollierte, ob er mich auch gut verdeckte.

Ich hielt den Atem an und wartete auf ein weiteres Geräusch. Da! Schon wieder! Es raschelte ganz nah. Ich blieb wie angewurzelt stehen und versuchte möglichst nicht zu atmen. Ich zog meine Füße vorsichtig ein Stück zurück, damit man sie nicht unter dem Vorhang sehen konnte.

Was konnte das nur sein? Es war ja nicht richtig laut, aber irgendjemand musste im Haus sein! Vielleicht hatte sich jemand eingeschlichen, als meine Eltern noch da waren? Was sollte ich nur tun? Ich könnte versuchen, unbemerkt das Telefon zu ergreifen, aber wie sollte ich unbemerkt telefonieren? Zitternd stand ich da und wusste nicht so recht, was ich tun sollte.

Ich dachte darüber nach, ob ich die Alarmanlage auslösen könnte, aber ich wusste ja genau, wie so etwas in Filmen ausging! Die Diebe waren immer viel gewitzter als alle anderen! Also blieb ich hinter meinem Vorhang stehen und erstickte fast, weil ich mich nicht traute zu atmen, und wartete ab. Eine ganze Weile hörte ich nichts und überlegte, ob ich mich schnell rausschleichen sollte? Aber was würde ich dann tun?
Vielleicht die Tür zum Arbeitszimmer absperren? Also versuchte ich hinter meinem Vorhang rauszuschauen und festzustellen, ob ich jemanden sehen konnte.

Niemand. Aber da raschelte es schon wieder! Irgendwer musste hier sein! Ich bekam Panik. Was sollte ich nur tun? Und wenn es ein Einbrecher war, würde er einfach wieder gehen, wenn ich ganz ruhig blieb?

Ich wusste nicht, wie lange ich das noch hinter meinem Vorhang aushalten würde. Ich überlegte weiter, aber kam zu keiner richtigen Antwort. Da raschelte es wieder und plötzlich fiel der Papierkorb um. Ich hörte ein Miau.

Schnell schaute ich hinter meinem Vorhang hervor und konnte gerade noch sehen, wie Mimi, meine kleine, freche Katze, aus dem Papierkorb kroch. Sie sah sehr verschlafen aus, reckte und streckte sich, und blickte verwundert in meine Richtung.

Erleichtert kam ich aus meinem Versteck hervor, nahm Mimi auf den Arm und ging mit ihr in die Küche, um endlich meinen Tee zu kochen. Dann machten wir es uns beide richtig gemütlich vor dem Fernseher, wobei ich das Telefon jedoch sicherheitshalber in der Hand behielt. Schließlich wurde es doch noch ein sehr behaglicher Fernsehabend! Ich hoffe, dass meine Eltern bald wieder ausgehen. Dann hole ich mir Mimi aber gleich auf den Schoß!

Text: © Miriam Reichel

Fragen zum Text:
Antworte in vollständigen Sätzen!

1) Was wollte Lea am Abend tun und was hatte ihr ihre Mutter besorgt? ____ ____	2
2) Warum dauerte es so lange, bis die Eltern gingen? Was alles machte die Mutter? ____ ____ ____ ____	3
3) Wie empfand Lea das Verhalten ihrer Mutter? Warum? ____	1
4) Was tat sie in der Werbepause? ____ ____	1
5) Warum versteckte sie sich hinter dem Vorhang? ____	1
6) Unterstreiche auf der 2. Seite des Textes was sich Lea überlegt, was sie tun könnte und was sie tut.	4

7) Es raschelte mehrfach, aber was geschah dann? ____	1
8) Wer war im Zimmer, als Lea hinter dem Vorhang stand? ____ ____	1
9) Was tat Lea zunächst und was taten Lea und Mimi dann gemeinsam? ____ ____	2
10) Wo verbrachte Mimi den restlichen Abend? ____	1

Von 17 Punkten hast du _____ erreicht.

3.14 Leseprobe - Unser Opa wird nun bald 90!

Unser Opa wird nun bald 90!

Unser Opa wird nun bald 90. „Wie hat er das gemacht?" fragen wir uns, denn die meisten seiner Freunde sind bereits tot und vielleicht können wir etwas von ihm lernen?
In der Schule haben wir schon das ein oder andere über gesunde Ernährung, unsere Gesundheit und über Krankheiten gelernt. Trotzdem sollten wir vielleicht einmal schauen, wie der Opa das macht!
Seit ich mich an den Opa erinnern kann, macht er Frühsport. Egal, ob wir um 5 Uhr morgens in den Urlaub fliegen, ob gestern Weihnachten war, oder wir lange gefeiert haben, der Opa beginnt seinen Morgen mit 20 Minuten Gymnastik.
Sobald er sein Bett verlassen hat, macht er das Fenster weit auf und los geht es. Er wärmt sich auf, dehnt seine Muskeln und macht die verschiedenen Übungen für den Rücken, die Schultern, den Bauch und die Beine. Alles wird zunächst gymnastiziert; danach wird es gedehnt. Schließlich wird vor dem offenen Fenster tief durchgeatmet und dann geht es auch schon ab unter die Dusche.
Unter der Dusche denkt der Opa an den guten alten Herrn Kneipp und seine Bäder und auch daran, wie gesund die Wechseldusche ist. Also wird zwischendurch auch nur der kalte Wasserhahn aufgedreht. Der Opa quiekt ein bisschen und kommt hochrot aus der Dusche.
Natürlich putzt er sich dreimal am Tag die Zähne und isst kaum Süßigkeiten - sonst hätte er mit 90 wohl keine Zähne mehr!
Danach macht er sich sein Frühstück. Er aß nie was alle anderen aßen. Der Opa liebte schon immer Müsli. Dazu nimmt er Haferflocken, Nüsse und Rosinen, schneidet sich Obst und macht sich entweder heiße Milch oder nimmt Joghurt.
Kaffee trinkt er nie. Auch keinen schwarzen Tee. Kein Bier, keinen Wein. Kamillentee, Früchte- oder Pfefferminztee. Sollte es mal im Hals kratzen, so gibt es Salbeitee, und wenn der Magen verstimmt ist Fenchel- oder Kamillentee. Droht eine Erkältung, so wird Erkältungstee gekocht und ein Löffel Honig dazu genossen.

Nun hat der Opa alle Zeit der Welt. Natürlich hat auch er etwas zu tun. Auch er muss einkaufen, mal die Zeitung lesen oder einen Brief schreiben. Hin und wieder geht etwas kaputt, das repariert werden muss. Trotzdem tat er eines schon immer: dreimal die Woche geht er schwimmen. Früher und heute. Er fährt mit dem Fahrrad am Vormittag ins Bad und dreht seine Runden. Der Opa schwimmt jeden in die Tasche. Hören viele nach 10 oder 20 Bahnen auf, fängt er erst richtig an. Meist schwimmt er eine Stunde durch. Er wärmt sich auf mit seiner berühmten Wechseldusche und steigt wieder auf sein Rad. Wenn er Glück hat, kommt er heim und das Mittagessen ist fertig. Aber auch da isst er nicht alles. Er liebt es simpel und isst viel Gemüse und Salate oder auch eine gute heiße Suppe.

Außerdem isst er nicht viel Fett, selten Fleisch und auch Wurst lässt er weg.
Am Abend mag er gerne ein Stück Brot mit Käse und natürlich einen Apfel! Nichts kommt aus der Dose oder ist gar ein Fertiggericht. Nein, dafür kann die Oma viel zu gut kochen!
Nach dem Essen schleckt er aber auch ganz gerne. So eine kleine Nachspeise liebt der Opa schon.

Eine Praline, ein Stück Bitterschokolade. Im Sommer isst er gerne Obst als Nachspeise und zur Erdbeerzeit ist auch Sahne dabei!
Wenn es gar nichts gibt, was man naschen kann, und es draußen schön kalt ist, macht er sich einen Kakao. Den trinkt er dann auf der Couch und liest die Zeitung dazu. Zucker gibt es aber nie. Den meidet er schon immer.
Mittags macht Opa eine Pause. Er findet, jeder Mensch sollte sich ausruhen und über nichts nachdenken. Das macht er schon immer so. Auch schläft er jede Nacht 8 Stunden.
Er denkt immer daran sich die Hände zu waschen und dadurch die Bakterien, die überall zu finden sind, nicht mit sich herumzutragen und sich daran anzustecken.
Damit sein Kopf auch Gymnastik macht, spielt er noch immer täglich Klavier. Oft bis zu drei Stunden. Gott sei Dank kann er das richtig gut, sonst würde er wohl alle nerven!
Gerne stellt er sich auch Rätsel, die er dann in der Bibliothek löst. Er liest schwierige Bücher, oft auch in anderen Sprachen, und manchmal malt er ein Rätsel für seine Enkel. Dieses schickt er ihnen mit dem Fax, denn eines mag der Opa nicht, und das ist zu viel Technik. Den Computer kann er nur an- und ausschalten, aber mit dem Faxgerät hat er sich angefreundet.

Manche Technik aber mag er schon, denn zum 86. Geburtstag hat er sich ein Cabriolet geschenkt, das neueste Model – mit einigen Knöpfen und alles geht automatisch! Wenn man schon so alt wird, muss man sich schon auch was Gutes tun!

Zum Arzt geht der Opa selten. Vor nicht langer Zeit war er mal da. Er stellte fest, dass dieser keine Zeit hatte und ganz schnell war der Opa wieder mit einem Rezept in der Hand vor der Tür. Das gefiel ihm gar nicht.

Sobald er wieder zu Hause war, hat er sein Unwohlsein in einem seiner vielen Bücher nachgelesen, sich einen Kräutertee gemacht, sich etwas hingelegt und bald ging es ihm wieder gut. Nicht dass er nicht geglaubt hätte, was der Arzt ihm sagte - er mag es nur nicht, wenn man keine Zeit hat.

Keine Zeit zu haben und das viele Fernsehen oder vor dem Computer sitzen mache die Leute krank, sagt der Opa. „Die sollen doch alle mal an die frische Luft, sich bewegen und was Anständiges essen!" schimpft er. Ja, und vielleicht weiß er es tatsächlich besser. Schließlich wird er dieses Jahr 90, nimmt keine einzige Tablette und schwimmt immer noch allen davon!

Text: © Miriam Reichel

Fragen zum Text:
Antworte in vollständigen Sätzen!

1) Du hast den Text gelesen und weißt nun, was der Opa tut, um gesund zu bleiben. Was kannst du tun? Fällt dir etwas ein? Nenne drei Dinge! __________ __________ __________	3
2) Nenne vier Dinge, die der Opa tut, um gesund zu bleiben! __________ __________ __________	4
3) Im Text steht, dass der Opa zum Arzt gegangen ist. Überlege selbst, ob du einen Arzt kennst, zu dem man regelmäßig zur Kontrolle gehen sollte? Ein Tipp: oft kommt er sogar in die Schule! __________	1
4) Was macht der Opa, damit er auch mit 90 noch seine eigenen Zähne hat? Nenne zwei Dinge! __________ __________	2
5) Der Opa betreibt auch Sport. Nenne zwei Dinge, die er regelmäßig macht. __________	2
6) Einiges macht Opa anders als andere Menschen. Nenne drei Dinge! ➢ __________ ➢ __________ ➢ __________	3
7) Was macht unser Opa für seinen Kopf? Nenne zwei Dinge! __________	2

8) Was, glaubt der Opa, mache die Menschen krank, und was sollten sie mehr tun? ___ ___ ___	2
9) Du hast sicherlich schon einmal gehört: „Wasch dir die Hände!"- kannst du erklären warum? ___ ___ ___	2
10) Was trinkt Opa und was nicht? Kennst du ein Getränk, das du nicht trinken solltest? ___ ___ ___	3
11) Manchmal nascht der alte Herr auch, aber oft isst er etwas sehr Gesundes als Nachspeise. Was ist das? ___	1
12) Welchen Tee trinkt er, wenn der Magen verstimmt ist? ___	1

Von 26 Punkten hast du ___ erreicht!

3.15 Leseprobe – Niemand zwingt im Guten die Kinder mit den Ruten

„Niemand zwingt im Guten die Kinder mit den Ruten"

Dies ist ein Ausspruch eines der bekanntesten Dichter des Mittelalters:
Walther von der Vogelweide. Wann genau er geboren ist, das weiß man nicht. Man vermutet, dass er in Österreich auf die Welt kam und in Würzburg starb.
Er erhielt seine Ausbildung am Wiener Hof und lebte das Leben eines Gelehrten im Mittelalter. Er widmete sich dem Minnesang, politischen Gedichten und philosophierte über die Liebe und das Leben.
Wie sah nun das Leben im „Mittelalter" aus?
Es gab drei große „Stände", die die Menschen im sozialen Bereich unterteilten.
Der erste Stand bestand aus den Geistlichen und wurde vom Papst geführt. Gleich danach kam der Adel, in verschiedenen Graden.
Die meisten Menschen lebten aber im dritten Stand; etwa 80 von 100 gehörten diesem Stand an (Handwerker, Bauern und einfache Bürger).

Adel und Geistlichkeit teilten sich also die Herrschaft über das „Volk". Letzteres lebte in völliger Abhängigkeit vom Adel und den Kirchenfürsten.
Während die ersten beiden Stände in jeder Hinsicht ein luxuriöses Leben führen konnten, war das Volk allen Unbilden des Lebens ausgesetzt. Es lebte teilweise in einfachsten Hütten und war den größten Schwierigkeiten – wie Kälte, Hitze, Mangel an Nahrung und ärztlicher Versorgung - fast schutzlos ausgesetzt. Dabei hatten die Menschen nicht nur für ihren eigenen Haushalt zu sorgen, sondern mussten zusätzlich ihren adeligen Herren jederzeit persönlich zur Verfügung stehen (z. B. hatten sie in deren Haus, Hof, Burg und Stall zu arbeiten).
Soweit sie eine Landwirtschaft zu bestellen hatten, gehörte der Grund und Boden selbstverständlich nicht ihnen, sondern ihrem Herrn. Sie hatten also praktisch kein Eigentum; deshalb wurde damals der Begriff des „Leibeigenen" geprägt. Sie gehörten also nicht einmal sich selbst.
Die Nachkommen dieser „Leibeigenen" hatten das gleiche Schicksal wie ihre Eltern. Sie lebten mit ihren Eltern in kleinen Hütten, zusammen mit dem Vieh und dem Saatgut. Sie hatten ein sehr einfaches Leben, das durch heiße Sommer, kalte Winter, viele Krankheiten und einen sehr eintönigen Speiseplan bestimmt wurde.
Brot war ihre Hauptnahrung. Während auf den Ritterburgen die Schweine gebraten wurden, gab es bei den Bauern nur ganz selten Fleisch.

Manchmal mussten sie mit einer Mahlzeit am Tag auskommen.
Ihre Lebenserwartung lag zwischen 35 und 40 Jahren. Überlege selbst einmal, wie alt wir heute werden.
Auch das Leben der Kinder wurde natürlich von den Ständen des Mittelalters bestimmt.
Die Kinder der Bauern lernten, was ihre Eltern ihnen beibrachten. Meist war es das, was diese selbst taten. Lesen und Schreiben war nicht dabei.
Die Kinder der höheren Stände wurden ausgebildet. Manche im Hause der Eltern, andere im Kloster.
Das Leben im Kloster war strenger und durch den Glauben bestimmt, als das eines adeligen Kindes auf dem Schloss oder der Burg seiner Eltern.
Mit 6 Wochen wurden die Kinder im Allgemeinen getauft. Bis zum 7. Lebensjahr blieben sie meist bei ihren Eltern.
Mädchen wurden anders ausgebildet als Jungen. Auch Mädchen hatten bei den Adeligen Lehrer, oder aber sie wurden zur Ausbildung auch in Klöster geschickt.
Die Mütter waren in erste Linie für ihre Ausbildung zuständig und diese reduzierte sich oft auf Nähen, Häkeln und Stricken. Dies blieb bis ins 12. Jahrhundert so, erst dann wurde Mädchen auch das Lesen und Schreiben beigebracht. Hier hatten sie sogar den Jungen gegenüber einen Vorsprung, die des Lesens und Schreibens oft nicht mächtig waren. Sogar große Dichter des Mittelalters konnten nicht Schreiben und mussten sich einen Leser und Schreiber einstellen. So erging es zum Beispiel einem anderen Dichter dieser Zeit, Wolfram von Eschenbach.
Während der Schwerpunkt der Erziehung der Mädchen im Haushalt lag, galt es die Jungen zum Ritter auszubilden. Aber natürlich konnte nicht jeder ein stolzer Ritter werden, nur Adelige hatten dieses Privileg.
Auch musste man 14 Jahre alt sein, um mit der siebenjährigen Ausbildung zum Ritter beginnen zu dürfen.
Die Ausbildung zum Ritter beinhaltete die Ausbildung an der Waffe (z. B. Pfeil und Bogen), das Reiten und den Kampf. Das waren die wichtigsten Dinge, die ein Junge zu erlernen hatte. Jungen sollten später Pferd und Ausrüstung für den Ritterstand erhalten, Mädchen eine Mitgift (das Geschenk für den Bräutigam).
Das Leben war sehr rau und die Erziehung hart.
Der Vater war das absolute Oberhaupt einer Familie. Er bestimmte, wer wen heiratete und was seine Kinder erlernen durften.
Oft versuchte der Vater seine Kinder mit „Zuckerbrot und Peitsche" zu erziehen. Körperliche Gewalt war ein Mittel der Erziehung. Fürsorge und Härte wechselten sich ab.
Aber, trotz all dieser Beschwerlichkeiten des Alltags gab es auch sogenannte

„Helden", deren Taten von allen Schichten der Bevölkerung bewundert wurden.
Wir nennen hier nur Artus und die Ritter der Tafelrunde, Karl den Großen, Prinz Löwenherz oder Merlin. Vielleicht kennst du auch das Buch ‚Ronja Räubertochter? Manche glauben, sie habe wirklich im Mittelalter gelebt; andere meinen, dass Astrid Lindgren alles nur erfunden habe.
Das Volk aber schuf auch seine eigenen „sozialen" Helden. Man denke an die sagenhafte Figur des Robin Hood in England. Er raubte auf eigene Faust mit seinem Gesellen die Reichen aus, um deren Güter mit den Armen zu teilen. Im norddeutschen Raum, in Friesland, tat ein Klaus Störtebeker desgleichen.
Er nutzte den Aufschwung des deutschen Seehandels in den Hansestädten Bremen, Hamburg, Wismar und Rostock um Schiffe zu überfallen und teilte seine Beute mit der friesischen Bevölkerung.
In Friesland wurde er dadurch zu einem großen Helden; man nannte ihn einen Likedeeler, jemand der ‚gleichteilt'.
Doch im Jahre 1401 wurde er eines Tages gefangen und in Hamburg - gemeinsam mit seinen Piratenkollegen - geköpft.
So schufen sich die Armen ihre eigenen Helden aus der Mitte. Ronja, die Räubertochter allerdings, entschied sich gegen ein Räuberleben!

Text: Miriam Reichel, Bild Horst Reichel

Fragen zum Text:

1) Was möchte der Dichter mit dem folgenden Satz aussagen: „Niemand zwingt im Guten, die Kinder mit den Ruten?" Was denkst du, nachdem du den Text gelesen hast?	2
2) Konnten alle Dichter des Mittelalters lesen und schreiben? Was machten Menschen, die nicht lesen oder schreiben konnten?	2
3) Nenne zwei Dichter aus dem Mittelalter!	2
4) Welche drei Stände gab es im Mittelalter?	3
5) Von wem wurde der erste Stand geführt?	1

6) Welche Umstände machten dem Volk das Leben besonders schwer?	3
7) Welche Voraussetzungen musste man erfüllen, um Ritter werden zu können? Wie lange war die Ausbildung?	3
8) Was machten die Menschen des dritten Standes beruflich? Wovon lebten sie?	4
9) Wie sah das Essen auf einer Burg aus und was kam bei den Leibeigenen auf den Tisch?	4
10) Wie lange konnten die Kinder damals bei den Eltern bleiben?	1

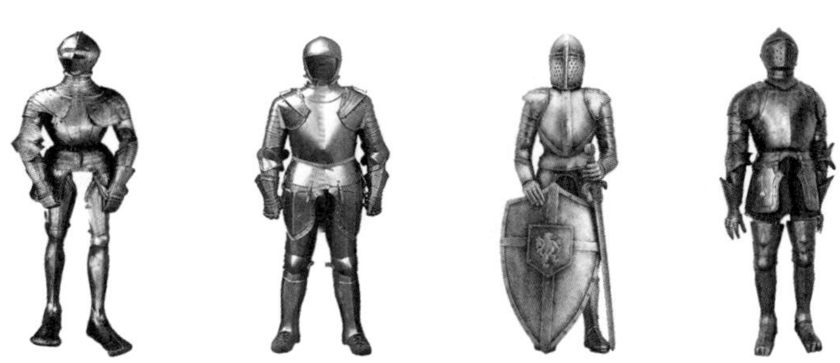

11) Was lernten Mädchen, was Jungen? Nenne jeweils zwei Dinge! __________ __________ __________ __________	4
12)Der Vater war das Oberhaupt der Familie. Wie erzog er oft? __________ __________ __________ __________	6
13)Nenne zwei Hansestädte! __________ __________	2
14)Nenne vier Helden aus dem Mittelalter! __________ __________	4
15)Warum mochten die Friesen Klaus Störtebeker? __________ __________	1

Von 42 Punkten hast du ___ erreicht!

Effigy of Guillaume le May. 1480.

Knight of the Haberkorn Family, Wurzburg.

3.16 Leseprobe – Ein ganz besonderes Pony

Ein ganz besonderes Pony

Auf einer saftig grünen Koppel stand im Schatten einer großen Eiche ein wunderschönes Fuchs-Pony mit einer weißen Blesse. Sein rotbräunliches Fell glänzte in der Sonne und am Koppelrand standen oft Kinder und lobten die Schönheit des kleinen „Füchslein".

Das Gras war saftig, die Sonne schien, und das Leben hätte nicht besser sein können, doch eines Tages entschied der Bauer, dem das Pferd gehörte, dieses zu verkaufen. Der Bauer brauchte Geld, und das Pferdchen tat nichts weiter als Fressen und erfreute eigentlich nur alle anderen, aber nicht den Bauern.

Er hatte nicht die Zeit, am Zaun zu stehen und dessen Anmut zu loben. Auch wollte er aus der Wiese ein Feld machen, um Hafer und Gerste anzubauen.

Alle fanden das Pony wunderschön, doch niemand wollte es haben. Für den Metzger fand es selbst der Bauer zu schade und so war er froh, dass ein Zirkus gastierte. Der Bauer versuchte, das Pferd den Zirkusleuten schmackhaft zu machen.

Eigentlich konnte das Pony gar nichts. Es war nur hübsch und unendlich stur. Doch das reichte aus und so war der Handel perfekt.

Der Dompteur übernahm es und versuchte sein Glück. Er wollte dem Pony eine Nummer beibringen, damit es in Zukunft sowohl seinen Hafer als auch sein Stroh selbst verdiene.

Doch ganz so einfach war das nicht! Das Pony war sehr, sehr bockig. Nichts wollte es tun, denn auf seiner Weide war das Leben doch so nett gewesen. Was immer man ihm sagte, das Tier tat das Gegenteil. Sollte es im Schritt im Kreis herumlaufen, so galoppierte es. Sollte es galoppieren, so stand es einfach still.

Der Dompteur verzweifelte, aber ein kleiner Junge, der Sohn von Zirkusleuten, hatte den kleinen Gaul in sein Herz geschlossen und verbrachte viel Zeit mit ihm. Er kraulte seine Nüstern, gab ihm Zucker und unterhielt sich mit dem biestigen Wesen.

Bald war dem Jungen klar, dass das Pony einfach immer das Gegenteil tat. Er begann das Tier zu trainieren und hoffte, auf diese Weise den Drohungen des Zirkusdirektors zu entgehen, der jeden Tag aufs Neue sagte: „Ich bin keine Sozialstation! Entweder du kannst eine Nummer und verdienst dein Geld, oder das Tier geht zum Metzger!"

Mit Tränen in den Augen flüsterte der Junge dem Pony seine Bitten ins Ohr. Nichts auf der Welt konnte schlimmer für ihn sein, als sein kleines Pony, das ein großer Freund geworden war, zu verlieren.

Nach ein paar Tagen war sich der Junge sicher: Das Pony machte zwar immer das Gegenteil, dies aber gut genug, um es vorzuführen.

Kritisch beäugte der Zirkusdirektor den Jungen und sein Füchslein, das alles anders machte, als man ihm auftrug.

„Nun gut", begann der ältere, dickliche Direktor, „morgen kann es losgehen. Sollte die Nummer schiefgehen, fahre ich dein Pony übermorgen höchstpersönlich zum Metzger!"

Dem Kind verschlug es die Sprache und in der folgenden Nacht machte es kein Auge zu.

Am nächsten Tag putzte der Junge das Tier, so dass sein fuchsfarbenes Fell nur so glänzte. Er flüsterte ihm aufmunternde Worte ins Ohr, um dem Pferdchen verständlich zu machen, dass es nun um Alles gehe.

Auch das Pony war schrecklich aufgeregt und konnte es kaum erwarten, in die Manege zu kommen. Noch bevor es dran war, konnte der kleine Junge das Tier nicht mehr halten und es platzte mitten in das Rampenlicht. Dort zeigten gerade die Großpferde ihr Programm. Alle galoppierten im gleichen Takt und gaben ihre Dressur zum Besten.

Das kleine Pferdchen aber tat das, was es immer tat – das Gegenteil von dem, was sein neuer Herr sagte.

Wenn die Großpferde sich auf die Hinterbeine stellten, blieb es unbewegt auf allen vieren stehen. Galoppierten sie links, galoppierte es rechts. Immer und immer wieder tat es das Gegenteil. Der Dompteur stand verzweifelt in der Mitte und versuchte, das Tier zu bekehren, aber nichts war zu machen. Schrie er: „Rechts!", trabte es links. Was immer geschah, ein Tier tanzte aus der Reihe: das Pony.

Zunächst wurden die Zuschauer immer unruhiger, doch schließlich begannen alle zu lachen und klopften sich die Schenkel. Also machte er gute Miene zum bösen Spiel und lächelte, als ob alles genau so sein müsste.

Die Leute aber klatschten begeistert und lachten auf den Rängen. Erstaunt kam der Dompteur immer wieder hinter dem Vorhang hervor, um den rauschenden Beifall des Publikums entgegenzunehmen.

Der Zirkusjunge aber stand zitternd hinter der Bühne und hatte Angst um seinen kleinen Freund. Er war sich ganz sicher, dass er es nicht überstehen würde, sollte er zusehen müssen, wie sein Pony abtransportiert werden würde. Mit schlotternden Knien stand er da, als der Direktor hinter dem Dompteur auf ihn zukam, nachdem auch dieser sich vor der tobenden Masse verbeugt hatte.
Der Direktor kam strahlend auf den Jungen zu und lachte: „So eine Nummer hatten wir ja noch nie; das war ja zum Schreien! Jungchen, wie hast du das denn hinbekommen?"
Von nun an war diese Nummer die beliebteste Attraktion des Zirkus und der Junge brauchte keine Angst mehr, um sein schönes Pony zu haben.

Fragen zum Text:

Antworte in vollständigen Sätzen!

1) Wo stand das Pony zu Beginn der Geschichte?	2
2) Aus welchem Grund musste das Pony diesen Ort verlassen?	2
3) Wie sah das Pony aus? Unterstreiche im Text grün!	2
4) Nenne acht Adjektive, die das Pony näher beschreiben!	4
5) Wie gestaltete sich der Verkauf des Ponys? Beschreibe möglichst genau!	2
6) Kreuze an! Es können mehrere Antworten richtig sein! Warum war das Pony schwierig für den Zirkus? ☐ Das Pony war viel zu klein für den Zirkus. ☐ Das Tier war sehr gefräßig und wollte den ganzen Tag nur auf der Wiese grasen. ☐ Das Pony machte immer das Gegenteil von dem, was man sagte. ☐ Das Pony verstand nicht, was der Dompteur sagte.	2

7) Was sollte passieren, wenn das Pony nicht zu dressieren war? ______	2
8) Warum sollte das Pferdchen überhaupt eine Vorstellung im Zirkus geben? ______ ______	1
9) Wer konnte am besten mit dem Pony umgehen? ______	1
10) Mit welchen Tieren trat das kleine Füchslein bei der Vorstellung auf? ______	1
11) Aus welchem Grund waren die Zuschauer begeistert von dem Pony? Kreuze an! ☐ Das Pony machte alles falsch. ☐ Das Pferdchen war besonders schön anzusehen. ☐ Das Pony folgte den Kommandos des Dompteurs.	1
12) Der Junge versuchte, das Tier zu bekehren. Was bedeutet das?  ______ ______	2
13) Was sagte der Direktor nach der Vorstellung? 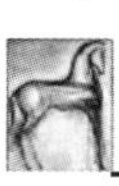 ______ ______ ______	2

Lies den Text sorgfältig durch! Viel Erfolg!
Von 24 Punkten hast du _____ Punkte erreicht.

3.17 Leseprobe - Brückenbau

Die Menschen bauen seit mehr als 3000 Jahren Brücken als Hindernisüberweg für Mensch und Tier, um Schluchten, Flüsse oder andere Hindernisse zu überqueren. Zunächst wurden große Steine in Flüssen versenkt, über die man gehen konnte; dann begann man Brücken zu bauen.

Zuerst benutzte man nur natürliche oder zufällige Möglichkeiten, wie zum Beispiel einen über einen Fluss gefallenen Baum oder Lianen, doch bald kreierte man diese Übergänge selber und die Menschen wurden damit immer professioneller.
Seit mindestens 1000 Jahren werden die Brücken über enge Schluchten in Asien und Südamerika als Hängebrücken aus Pflanzenfasern gebildet. Die letzte noch funktionierende dieser Art ist die Hängebrücke Qu'eswachaka, die komplett aus Gras besteht.
Eine Brücke zu bauen ist schwierig, denn sie muss nicht nur ihr eigenes Gewicht tragen, sondern auch noch das der Passanten. Diesen Problemen kann man nur mit den Gesetzen der Physik begegnen. Je besser der Mensch diese erforschte, desto größer wurden die Brücken.

Bis vor 250 Jahren verwendete man für den Brückenbau fast ausschließlich Holz und Stein. Doch dann entstanden die ersten gusseisernen Brücken. Dies geschah mit der Industrialisierung und 1779 wurde die erste gusseiserne Brücke der Welt gebaut. Es handelte sich um 'The Iron Bridge', eine Bogenbrücke von 30 m Stützweite über den Fluss Severn (England), die Abraham Darby III erbaute. Gusseiserne Brücken aber waren nicht sehr stabil und z. B. nicht geeignet für Eisenbahnen. Erst der harte Stahl konnte dieses Problem lösen und ermöglichte lange Hängebrücken und Fachwerk-Balkenbrücken zu bauen. Die erste sehr bekannte Brücke dieser Art war die Menai Brücke in Wales, England. Diese wurde zwischen 1818 und 1826 von Thomas Telford erbaut und war 521 Meter lang.
Seit 1960 verwendet man Stampfbeton. Heute kann man mit Spannbeton Brückenlängen erreichen, von denen man damals nicht zu träumen wagte.

Es gibt immer wieder extreme Bauten im Brückenbau. Der Mensch versucht immer längere und größere Brücken zu bauen. Im Jahre 2017 wird die vorerst längste Brücke fertiggestellt. Sie führt über die Meeresenge von Messina, vom italienischen Festland nach Sizilien. Für 6,3 Milliarden Euro erbauten die Italiener eine Brücke mit der Länge von 3666 m. Die Bauzeit betrug über sechs Jahre.

Die Stahlkabel, an denen die Brücke hängt, haben einen Durchmesser von 1,24 m und die gesamte Brücke wiegt 66.100 Tonnen. Ihre Fahrhöhe liegt bei 65 m, ihre Breite ist 60 m. Sie umfasst sechs Fahrspuren, zwei Eisenbahnspuren und zwei Wartungsstreifen. Die Stützpfeiler haben eine Höhe von 382,6 m. Die Menschen ersparen sich durch den Bau der Brücke 40 Minuten Fahrtzeit.

Es gibt aber nicht nur gelungenen Brückenbau. Die erste Schrägseilbrücke wurde in Deutschland am 6.12.1825 eröffnet. Es handelt sich um die Nienburger Schrägseilbrücke. Sie stand genau vier Monate. Sie war aus Eisen, Holz und Stein hergestellt und ihre Länge betrug 118 m. Der Architekt der Brücke hieß Christian Heinrich Bandhauer. Er war für alle Bauten in Anhalt-Köthen verantwortlich. Da eine Steinbrücke zu teuer war, entschied man sich nach langer Zeit zu einer Hängebrücke über die Saale. Das Vorbild der Hängebrücke kam aus England und Amerika. Die Hängebrücke erschien mit einem Preis von 4000 Talern sehr günstig. Dadurch konnte Brandhauer die Stimmen für sich gewinnen.
Bandhauers Brücke bestand aus zwei völlig unabhängig voneinander stehenden Hälften, deren Tragwerksenden sich über dem Fluss in einem Abstand von ca. 3,50 m gegenüberstanden. Die Lücke wurde durch zwei Klappen verschlossen, sodass im Normalbetrieb eine durchgehende Fahrbahn vorhanden war. Wenn nun ein Schiff mit stehendem Mast die Brücke passieren wollte, wurden die Klappen geöffnet und das Schiff konnte durch die geöffnete Brücke gleiten. Es war also wiederum eine Dienstleistung für durchfahrende Schiffe erforderlich, die natürlich kostenpflichtig war. Damit hatte Bandhauer es geschafft, alle Wünsche seiner Auftraggeber unter einen Hut zu bringen. Mit einer Hängebrücke wäre ihm dies nicht gelungen, weil die Ketten in Brückenmitte am tiefsten hängen und die Schiffsmasten behindert hätten.

Die Brücke sollte gebührend eingeweiht werden. Da der Herzog und seine Frau allerdings abwesend waren, kam es eher zu einer spontanen Einweihung nach einer Hasenjagd am Nikolausabend. Eine Kapelle führte das Ereignis an und viele Menschen liefen mit Fackeln über die Brücke. In der Mitte der Brücke wollte man dem Herzog ein Ständchen bringen und alle hielten an. Um einen besseren Blick auf das Schloss des Herzogs zu haben stellten sich alle Menschen auf der linken Seite der Brücke auf. Teilweise kletterten sie sogar auf das Geländer der linken Seite. Dadurch kam es zu einer sehr ungleichmäßigen Belastung, wie sie normalerweise niemals stattgefunden hätte. Es war nur die halbe Brücke besetzt und davon nur die linke Seite, diese aber mit vielen aneinandergedrängten Menschen.

Einige Jugendliche versuchten die Fahrbahn im Takt der Musik in Schwingung zu bringen. Nach der ersten Strophe des Liedes vernahm man einen lauten Knall, konnte diesen aber nicht zuordnen. Nach der zweiten Strophe waren bereits mehrere Ketten der Brücke gerissen.

Ein paar Teilnehmer haben es gerade noch an das rettende Ufer geschafft. Die Kapelle und viele andere Menschen stürzten in die Saale. Einige konnten sich auf die abgestürzte Fahrbahn retten, die flussabwärts trieb. Aufgrund der Dunkelheit und der Kälte kam aber für viele Menschen jede Rettung zu spät.

Mit 55 Toten gehört dieses Ereignis zu einer der größten Katastrophen im Brückenbau.

Fragen zum Text:

1) Wie lange bauen Menschen schon Brücken?	1
2) Aus welchem Grund bauen Menschen Brücken?	1
3) Was muss eine Brücke alles tragen? Warum muss sie stabil sein?	2
4) Was ist an der Brücke Qu'eswachaka besonders?	1
5) Wie hieß die erste gusseiserne Brücke in England? Über welchen Fluss führt sie? Welchen Nachteil hatten gusseiserne Brücken?	2
6) Es wurden zwei weitere Brücken beschrieben. Die eine ist die derzeit längste und die andere war die erste, die in Deutschland in dieser Art gebaut wurde und einstürzte. Über welche Gewässer führen diese beide Brücken? Nenne auch die Jahreszahlen.	4

7) Warum stürzte die Nienburger Brücke ein? Beschreibe kurz. __________ __________ __________ __________	3
8) Wie viele Menschen kamen ums Leben? __________ __________	1
9) Die italienische Brücke gilt derzeit als die längste ihrer Art. Wie lang ist sie und wie schwer? Was sind die erwarteten Kosten? __________ __________ __________ __________	3

Von 18 Punkten hast du ___ erreicht.

4 Hörproben

Nach dem LehrplanPlus soll auch das Hörverständnis geschult werden. Hierbei sollen die Schüler erst aufmerksam zuhören, um dann Fragen zu beantworten.

Lass dir also die Geschichten bitte erst zweimal langsam vorlesen, um dann eigenständig die Fragen zu beantworten.

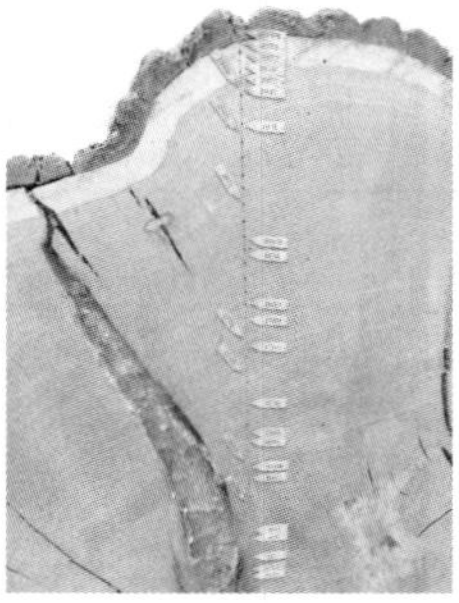

4.1 Hörprobe – Der Baum erzählt aus seinem Leben

Beim Waldspaziergang kann man häufig frisch gefällte Bäume und Baumstümpfe finden. An diesen sind die sogenannten Jahresringe gut erkennbar. Die Anzahl der Jahresringe verrät dir das Alter eines Baumes.

Aber wie bilden sich eigentlich die Jahresringe? Das ist gar nicht schwer zu verstehen. Ein Baum wächst ja nicht nur in die Länge, sondern auch in die Breite, er wird jährlich ein bisschen dicker. Mit jedem Jahr legt sich der Baum im Winter eine Art neuen „Holzmantel" um. In den warmen Jahreszeiten gedeiht der Baum schnell und das neue Holz sieht heller aus. In den kälteren Jahreszeiten hingegen wächst das Holz deutlich langsamer; dies lässt das Holz dunkler aussehen.

Jeder dunkle Ring entspricht also einem Jahr. Wenn der Baumstumpf drei dunkle Ringe aufweist, ist der Baum also auch drei Jahre alt. Zeigt der Baumstumpf zwanzig dunkle Ringe, so ist der Baum bereits zwanzig Jahre alt.

Die Ringe erzählen dir die Lebensgeschichte des Baumes. Wenn du dir die Lebensringe eines Baumes einmal genauer ansiehst, kannst du erkennen, dass die Ringe unterschiedliche Abstände haben. Je gleichmäßiger die Ringe sind, umso besser war das Jahr des Baumes. Hat der Baum viel Sonne und Wasser abbekommen, gilt das als besonders gutes Jahr. Desto breiter ist dann der entsprechende Lebensring. War es hingegen sehr trocken oder haben Schädlinge dem Baum Nährstoffe und Saft entzogen, dann ist der Ring eher klein und erzählt dir so von dieser schweren Zeit.

Viel Spaß bei deinem nächsten Waldbesuch! Vielleicht schaust du dir die Baumstümpfe von nun an etwas genauer an und erzählst deinen Eltern und Geschwistern von der Geschichte der Bäume.

268 Wörter Text: Mandana Mandl

Fragen zum Text:
Antworte in vollständigen Sätzen!

1) Woran kannst du das Alter eines Baumes an einem Baumstumpf erkennen? ______________________________________ ______________________________________	1
2) Zu welchen Zeiten wächst ein Baum besonders schnell? ______________________________________ ______________________________________	2
3) Woran erkennst du ein „gutes Baum-Jahr"? ______________________________________ ______________________________________	3
4) Woran erkennst du ein „schlechtes Baum-Jahr"? ______________________________________ ______________________________________	2
5) Welche Gründe für ein „schlechtes Baum-Jahr" werden im Text erwähnt? ○ Das Jahr war sehr regnerisch. ○ Das Jahr war sehr trocken. ○ Schädlinge entzogen dem Baum Saft und Nährstoffe. ○ Schädlinge schenken dem Baum Saft und Kraft.	2
6) Welche Aussagen sind korrekt? ○ Zeigt ein Baumstumpf 20 Lebensringe, ist er mindestens 40 Jahre alt. ○ Hat ein Baum in einem Jahr viel Wasser bekommen, gilt es als gutes Jahr. ○ Trockenheit und Schädlinge entziehen dem Baum Nährstoffe. ○ Jeder dunkle Ring entspricht einem Lebensjahr.	2
7) Bei einem Waldbesuch siehst du zwei Eichen. Woran kannst du erkennen, welcher Baum älter ist? ______________________________________ ______________________________________	2

Viel Erfolg! Von 14 Punkten hast du _______ erreicht.

14	14,0 – 12,5 1	12,0 – 10,5 2	10,0 – 8,0 3	7,5 - 5,5 4	5,0 – 3,0 5	2,5 - 0 6

4.2 Hörprobe – Das Kamel und der Schakal

Das Kamel und der Schakal

Ein kleiner, gerissener Schakal kam an einen Fluss und wollte auf die andere Seite, um die besseren Jagdgründe zu erreichen. Er war aber sehr wasserscheu, deshalb überlegte er, wie er auf die andere Seite kommen könnte, ohne nass zu werden.

Da traf er ein großes Kamel, mit dem er einen Handel abschloss: „Liebes Kamel, wenn du mich an das andere Ufer bringst, bringe ich dich dafür zu einem Zuckerrohrfeld. Dort kannst du fressen so viel du willst."

„In Ordnung", erwiderte das gutmütige Kamel, „steige auf meinen Rücken!". Beide gelangten glücklich an das andere Ufer.

Der Schakal erbeutete sehr schnell einen kleinen Hasen und weil er nur einen kleinen Magen hatte, war er auch schon sehr bald satt. Vollgefressen begann er laut zu heulen, so dass der Bauer ihn hörte und mit einem Stock heraneilte.

Der schnelle Schakal konnte dem Bauern gerade noch entkommen, das arme Kamel aber musste ein paar Schläge einstecken. Als die beiden Tiere sich wenig später trafen, um den Rückweg anzutreten, sprang der Schakal wieder auf den Rücken des Kamels. Während es dann den Schakal auf die andere Seite zurückbrachte, fragte es: „Warum hast du denn so laut geheult?"

Scheinheilig erwiderte der Schakal: „Es tut mir wirklich leid, aber nach dem Essen singe ich immer!"

„Ich verstehe!", antwortete das verärgerte Kamel, „weißt du, wenn ich eine gute Mahlzeit hatte, wälze ich mich immer im Wasser."

Und so musste der wasserscheue Schakal doch noch ein unfreiwilliges Bad nehmen.

Erzählung nach Aesop

Hörproben	Seite: 92

Fragen zum Text:
Antworte in vollständigen Sätzen! Ein falsches Kreuz gibt einen halbe Punktabzug.

1) Welche Lebewesen kommen in dieser Fabel vor? ______________________________	4
2) Wie sind die Tiere beschrieben? Kreuze an, welche Adjektive den Tieren zugesprochen wurden. O fleißig. O gutmütig O nett O schnell O gerissen O klug	3
3) Wie kamen die beiden Tiere auf die andere Seite des Flusses? ______________________________ ______________________________	2
4) Welches Tier wird von wem erbeutet? ______________________________ ______________________________	2
5) Weshalb ist das eine Tier verärgert? ______________________________ ______________________________	2
6) Das andere Tier rächt sich indem es sagt? O ... wenn ich eine gute Mahlzeit hatte, wälze ich mich immer im Schlamm. O ... wenn ich eine gute Mahlzeit hatte, wälze ich mich immer im Feld. O ... wenn ich eine gute Mahlzeit hatte, wälze ich mich immer im Wasser. O ... wenn ich eine gute Mahlzeit hatte, wälze ich mich immer im Fluss.	2
7) Wie lautet die Kernaussage dieser Geschichte? ______________________________ ______________________________	2

Viel Erfolg! Von 17 Punkten hast du ______ erreicht.

17	17,0 – 15,0 1	14,5 - 12 2	11,5 - 9 3	8,5 - 6 4	5,5 - 3 5	2,5 - 0 6

Lösungen

Das ultimative Probenbuch
Lesen
3. Klasse

5 Lösungen

5.1 Lösung – Die Biene Maja

1) Nenne zwei Namen der Freunde der Biene Maja! Sind sie auch Bienen? Die Freunde der Biene Maja heißen: Willie, Flip. Flip ist ein Grashüpfer und Willie ist eine Drohne, eine männliche Biene.	4
2) Was machen Toff und Zürpel? Die beiden sind Wächter am Bienenstock.	1
3) Welche Eigenschaft hat Flip? Er ist immer gut gelaunt.	1
4) Welchen wissenschaftlichen Namen trägt die Biene? Wissenschaftlich wird die Biene auch *apis mellifera* genannt.	1
5) Die Biene Maja bestäubt andere Pflanzen. Wie macht sie das? Was trinkt sie? Die Biene Maja und ihre Freunde trinken den Nektar der Pflanzen und fliegen von Blume zu Blume. Die Blütenpollen bleiben in ihrem Fell und an ihren Fühlern hängen und sie tragen sie weiter zur nächsten Pflanze und bestäuben sie.	4
6) Nenne zwei Pflanzen, die man nicht künstlich befruchten kann! Die zwei Pflanzen heißen: Kakao und Vanille. (Maracuja)	2
7) Welches Problem haben die Biene Maja und ihre Artgenossen heute? Sie sind vom Aussterben bedroht.	1
8) Nenne zwei Gründe für das Problem! Es gibt heutzutage zu wenige Wiesen und Unkrautvernichtungsmittel schaden den Insekten.	2
9) In welchem Land sind am meisten Bienen gestorben? In Amerika sind angeblich 90% aller Bienen gestorben oder weggezogen.	1
10) Es gibt auch eine Milbe, die der Biene sehr schadet, wie heißt diese? Sie heißt Varroamilbe.	1
11) Was kannst du für die Bienen tun? Ich kann viele Blumen pflanzen. Am besten Blumen, die Bienen gerne mögen.	1

5.2 Lösung - Unser Wald steckt voller Entdeckungen

1) Schreibe auf: Welche Waldarten gibt es in Bayern? 3

- Mischwald
- Nadelwald
- Laubwald

2) Gib an, wie hoch ungefähr der Waldanteil in Bayern ist. 1

Der Waldanteil in Bayern beträgt circa 35 Prozent.

3) Wie heißt das größte zusammenhängende Waldgebiet in Bayern? 1

Das größte zusammenhängende Waldgebiet in Bayern heißt Bayrischer Wald.

4) Welche Tiere des Waldes werden im Text erwähnt? 4
Kreuze alle richtigen Antworten an.

X Reh
Bär
Eule
Schwein
X Wildschwein
Pferd
X Eichhörnchen
X Ameise

5) Zu welcher Baumart zählt die Lärche? 1

Die Lärche zählt zur Baumart der Nadelbäume.

6) Was ist das Besondere an der Lärche? 2
Antworte in einem vollständigen Satz!

Die Lärche verliert als einziger Nadelbaum im Winter ihre Nadeln.

7) Entscheide, was richtig und was falsch ist. Setze dein Kreuz entsprechend. 2

Der Fliegenpilz ist...

	richtig	falsch
essbar		x
feuerrot	x	
giftig	x	
genießbar		x

8) Weshalb dürfen Ameisenhügel im Wald nicht zerstört werden und wozu sind sie nützlich? **Nenne drei Gründe!** Ameisenhügel dürfen nicht zerstört werden, weil Ameisen helfen, die Lebensgemeinschaft des Waldes in einem Gleichgewicht zu halten. Sie dienen anderen Tieren als Nahrung und sie stehen unter Naturschutz.	3
9) Welche weitere Bezeichnung für Ameisen findest du im Text? Ich finde als Begriff: „Gesundheitspolizei des Waldes".	1
10) Woran kannst du erkennen, dass ein Baum krank ist? Kranke Bäume kann ich an den Blättern und Nadeln erkennen, die sich bereits im Sommer verfärben und dann abfallen. Durch das Fehlen der Blätter und Nadeln folgen Schäden an den Wurzeln und irgendwann stirbt der Baum.	2
11) Was verursacht Waldsterben? Antworte in einem vollständigen Satz. Schadstoffe in der Luft, im Boden und im Regen sind mit schuld am Waldsterben. Aber auch Menschen, die ihren Müll einfach im Wald ablegen oder achtlos Abfälle auf den Boden werfen, tragen Mitschuld am Waldsterben.	3

5.3 Lösung – Feuerwehr

1) Welche Feuerwehren gibt es und worin unterscheiden sie sich hauptsächlich? Wir unterscheiden die Freiwillige Feuerwehr und die Berufsfeuerwehr. Der Hauptunterschied liegt darin, dass die Feuerwehrleute der Berufsfeuerwehr hauptberuflich Feuerwehrleute sind und im Schichtbetrieb ihre Feuerwache besetzt halten. Die Freiwilligen Feuerwehrleute verrichten ihre Arbeit ehrenamtlich und gehen im Alltag beliebigen Berufen nach. Sie werden bei Bedarf zum Einsatz gerufen und für ihre Einsätze nicht bezahlt.	4
2) Überprüfe die Aussagen und schreibe richtig (r) oder falsch (f). In die Freiwillige Feuerwehr wird jeder aufgenommen. f Alle Feuerwehrleute haben noch einen anderen Beruf. f Feuerwehrleute dürfen keine Angst vor Hitze haben. r Es gibt nur Feuerwehrmänner. f In Bayern gibt es nur eine Berufsfeuerwehr. f Feuerwehrleute müssen in eine besondere Schule gehen r	3
3) Was bedeutet *„ehrenamtlich"*? Erkläre mit Hilfe des Textes. Ehrenamtlich heißt, dass man für seine Arbeit kein Geld bekommt. Man handelt freiwillig.	2
4) Was bedeutet das Wort „divers" in diesem Satz? Welches andere Wort könntest du in diesem Bespiel für „Spezialisten" verwenden? **Hierfür gibt es spezielle Feuerwehrschulen. Dort werden sie zu Spezialisten für die diversen Einsatzarten ausgebildet.** →**Divers** steht für: unterschiedlich, verschieden, → Spezialisten sind Fachleute, Fachmänner (oder -frauen), Facharbeiter	2
5) Mark kann sich nicht entscheiden, ob er Gärtner werden oder zur Freiwilligen Feuerwehr gehen soll. Hast Du die Lösung für Mark? Mark kann beides machen, weil alle Feuerwehrleute der Freiwilligen Feuerwehr noch in anderen Berufen arbeiten. Er kann also Gärtner werden und sich bei der Freiwilligen Feuerwehr bewerben.	2
6) Wo kann man sich zum Feuerwehrmann oder zur Feuerwehrfrau ausbilden lassen? Kreuze die richtige Antwort an! X in einer Feuerwehrschule	1

7) Was gehört zur Ausrüstung der Feuerwehrleute? Nenne drei Teile. Zur Ausrüstung der Feuerwehrleute gehören Helm, Handschuhe, Atemschutzmaske, ein Schutzanzug, Stahlkappenstiefel, Feuerwehrbeil, Sicherheitsgurt und eine Fangleine.	3
8) Welche Eigenschaften musst du erfüllen, damit du bei der Feuerwehr aufgenommen wirst? Um bei der Feuerwehr aufgenommen zu werden, muss man sich einer Gesundheitskontrolle unterziehen. Man muss sehr gut hören und sehen können, muss körperlich fit sein und darf weder Hitze noch Kälte fürchten	3
9) Was bedeutet „aktiver Dienst" bei der Feuerwehr? Wer im aktiven Dienst ist, darf an Feuerwehrübungen und Feuerwehreinsätzen teilnehmen.	2
10)Nenne drei Einsatzgebiete der Feuerwehr! Die Feuerwehr wird zum Brandschutz, Katastrophenschutz, bei Unfällen, Bergungsarbeiten, Verkehrsunfällen, Explosionen, Überschwemmungen, Sturmschäden eingesetzt.	3
11)Ergänze: Die Feuerwehrleute der Freiwilligen Feuerwehr haben alle einen anderen Beruf, bei dem sie ihr Geld zum Leben verdienen.	2

5.4 Lösung – Ein bisschen Fußballgeschichte

1) Vervollständige den hinteren Teil des Satzes „... auch unsere Opas haben schon ..." ... auch unsere Opas haben schon versucht, <u>das runde Leder ins eckige Tor zu bringen</u>.	2
2) Mit welchen Buchstaben wird der Weltfußballverband abgekürzt? Die Abkürzung für den Weltfußballverband lautet <u>FIFA</u>.	1
3) Wer spielte zum ersten Mal eine Art Fußball? (Kreuze Richtiges an!) X die alten Chinesen	1
4) Woran erkennst du, dass die Fußball-WM näher rückt? Nenne drei Beispiele: Wenn die WM näher rückt, deutet alles auf Fußball. Pappteller, Pappbecher, T-Shirts mit Fußballaufdrucken. Autos mit Fahnen ... Schaufenster sind mit Fußbällen dekoriert.	3
5) Erkläre, wie die ersten Fußballspiele in England ausgetragen wurden? Bei den ersten Fußballspielen in England spielten zwei Dörfer gegeneinander. Damals musste man versuchen, den Ball durch das Stadttor des jeweils anderen Dorfes zu schießen, es gab kaum Regeln und es ging teilweise sehr brutal zu.	3
6) Warum führten englische Lehrer Fußball als Hochschulsport ein? Sie erkannten, dass dieser Sport nicht nur wild ist, sondern auch den Teamgeist positiv fördert, und bildeten entsprechende Hochschulmannschaften.	2
7) Welches Land gilt als Mutterland des Fußballs. Erkläre mit Hilfe des Textes. Der erste Fußballclub und der erste Fußballverband der Welt (Football Association - FA) wurden in England gegründet, weshalb England als Mutterland des Fußballs gilt.	3
8) Wann und wo wurden die ersten Fußballregeln aufgestellt? Im Jahr 1848 wurden von Studenten der Universität Cambridge die ersten Fußballregeln aufgestellt.	2

9) Wie kam der Fußball nach Deutschland und weshalb? In Deutschland wurde das Fußballspiel erstmals im Jahre 1874 durch einen Lehrer an einem Gymnasium in Braunschweig eingeführt. Hauptziel war die Bekämpfung des Bewegungsmangels bei den Schülern.	3
10)Wann und wo wurde der Weltfußballverband gegründet? 1904 wurde der Weltfußballverband FIFA mit Sitz in Zürich in der Schweiz gegründet.	2
11)Wann und wo hat die deutsche Nationalmannschaft zum ersten Mal den Weltmeistertitel gewonnen? Die deutsche Nationalmannschaft gewann 1954 den ersten WM Titel in Bern.	2
12)Welche Fußballverbände findest du im Text? FIFA – Weltfußballverband DFB – Deutscher Fußballverband FA – Englischer Fußballverband (Football Association)	3

5.5 Lösung – Kleine und große Wunder

1) Wo fahren die beiden in die Sommerferien hin? Wer reist alles? Fritz und Franzl reisen mit den Eltern nach Italien.	2
2) Wie reisen sie und warum? Sie reisen mit dem Zug (ICE), da sie nicht im Stau stehen möchten.	2
3) Wer ärgert die Reisenden im Zug? Eine Fliege ärgert die Reisenden.	1
4) Mit welchen zwei anderen Begriffen wird das störende Objekt aus Frage drei beschrieben? **Um welche Wortart handelt es sich genau bei den beiden Begriffen?** Es wird als Flugkünstler und Plagegeist beschrieben. Es handelt sich um zusammengesetzte Namenwörter.	3
5) Sind die Mutter und die Schwester auch dabei? O Mutter und Schwester warten in Italien auf sie. O Die beiden sind schon geflogen X steht nicht im Text. O Fritzl hat weder eine Mutter noch eine Schwester.	1
6) Über welchen Flugkünstler unterhalten sie sich? Wovon ernährt sich dieser? Sie unterhalten sich über eine Fliege die sich vom Pflaumenkuchen ernährt.	2
7) Wo waren sie in den letzten Sommerferien? Sie waren in Südafrika.	1
8) Was behauptet Fritzls Vater von dem Flugzeug? Er behauptet, dass die Lufthansamcschine mit den Rädern nach ‚oben' und den Flügeln ‚nach unten' in Kapstadt gelandet sei.	2
9) Was macht es möglich, dass man ‚unter' der Erdkugel herumlaufen kann, obwohl man eigentlich auf dem Kopf steht? Was sagt der Vater? Der Vater sagt: „Das hat eben die gewaltige Anziehungskraft der Erde möglich gemacht."	2

<table>
<tr><td>10)Wohin, sagt der Vater, wirkt die Erdanziehungskraft?
Die Erdanziehungskraft wirkt zum Mittelpunkt der Erde.</td><td>1</td></tr>
<tr><td>11)Warum bemerken wir nicht, dass die Erde rund ist? Was sagt der Vater?
Die Erdkugel ist so riesengroß, dass wir ihre runde Oberfläche wie eine
Ebene empfinden</td><td>2</td></tr>
<tr><td>12)Nenne vier Verben aus dem Text, die statt ‚sagen' benutzt werden!
Schreibe diese in der Grundform auf!
<table><tr><td>feststellen</td><td>erklären</td></tr><tr><td>prophezeien</td><td>einwenden</td></tr></table></td><td>4</td></tr>
<tr><td>13)In welchem Teil der Erdkugel wohnen die Kinder und in welchem Onkel Max?
Onkel Max lebt in Südafrika und im südlichen Teil der Weltkugel. Fritz und Franzl im nördlichen Teil der Weltkugel.</td><td>2</td></tr>
</table>

5.6 Lösung – Warum benötigt unser Körper Wasser

1) Zu wie viel Prozent besteht unser Körper aus Wasser? Und wie viel Prozent sind es, wenn wir auf die Welt kommen? Wir bestehen zu 70% aus Wasser und wenn wir auf die Welt kommen sind es sogar 77%.	2
2) Wie viel Liter Wasser sollten Kinder am Tag trinken? Kinder sollten 1-2 Liter Wasser am Tag trinken.	1
3) In welchem Alter hat der Mensch nur noch 50% Wasser in seinem Körper? Senioren haben nur noch 50% Wasser in ihrem Körper.	1
4) Wie viel Liter Blut hat der Mensch? Der Mensch hat etwa 4-6 Liter Blut in seinem Körper.	1
5) Wodurch verliert der Mensch Wasser? Der Mensch verliert Wasser indem er auf die Toilette geht, schwitzt und sogar durch das Atmen.	3
6) Was würde mit unseren Knochen ohne Wasser passieren? Unsere Knochen würden ohne Wasser aneinander reiben.	1
7) Wo befindet sich das meiste Wasser in unserem Körper? Das meiste Wasser befindet sich in unseren Zellen und in unserem Blut.	2
8) Was liefert Wasser den Organen? Wasser liefert aber auch unseren Organen Nährstoffe und Energie.	2
9) Was holt das Wasser ab, wenn es durch unseren Körper kreist? Es holt die Abfallstoffe ab.	1
10)Wie lange können wir ohne Wasser überleben? Wir können nur etwa zwei Tage ohne Wasser überleben.	1

5.7 Das Rentier

1) Zu welcher Jahreszeit wird der Text erzählt? Der Text wird im Winter, wenn der Schnee fällt, erzählt.	1
2) Wer kam zum Erzähler, der Weihnachtsmann oder das Christkind? ☑ Christkind	1
3) Wie kamen die Geschenke zum Erzähler? Die Geschenke wurden vom Christkind durch den Kamin geworfen.	1
4) Was geschah alles, bevor man die Geschenke auspacken durfte? Man ging Schlitten fahren oder machte einen Weihnachtsspaziergang, dann trank man einen Tee, hörte eine Geschichte, sang ein paar Lieder. Erst dann durfte man auspacken.	5
5) Welche anderen Namen für Weihnachtsmänner werden noch genannt? Niklas Jullebuk, Father Christmas, Père Noël, Waldemar Tannengrün oder Willi Wichtelmann.	5
6) Wo lebt das Rentier? Welche drei Orte findet der Erzähler in seinen Büchern? Und welche zwei weiteren werden genannt? Es lebt in der Tundra, auf Grönland und in Nordamerika. Die hocharktischen Inseln Kanadas und die Ellesmere-Insel.	5
7) Wie hoch und wie schwer kann ein Rentier werden? Die Schulterhöhe 90 bis 140 Zentimeter und das Gewicht 60 bis 300 Kilogramm.	2
8) Wie kann das Fell die Rentiere schützen? Die Färbung dient als Tarnung vor Fressfeinden; die dichte Unterwolle schützt im harschen arktischen Klima vor Kälte.	2
9) Was fressen Rentiere? Rentiere sind vor allem Grasfresser; im Sommer nehmen sie aber fast jede pflanzliche Kost zu sich, die sie finden können. Im Winter sind sie durch Schnee und Eis überwiegend auf Rentierflechten, Moose und Pilze beschränkt.	4
10)a) Haben Rentiere Geweihe und wie sehen sie aus? Die Geweihe sind stangenförmig und weit verzweigt; nur die tiefste Sprosse bildet am Ende eine kleine Verbreiterung, die auch als „Schneeschaufel" bezeichnet wird. b) Wer hat ein Geweih? ☑ beide	3 1

5.8 Lösung – Kommunikation – früher und heute

1) Was versteht man unter Kommunikation? Kommunikation ist der Austausch bzw. die Übertragung von Information. Wir können uns unterhalten, telefonieren oder schreiben, um miteinander zu kommunizieren.	2
2) Welche Möglichkeiten der Kommunikation kennst du von heute? Nenne drei Möglichkeiten. • Ich kann eine Textnachricht über mein Handy senden. • Ich kann telefonieren. • Ich kann Bilder, Filme oder Nachrichten über das Internet versenden.	3
3) Welche Möglichkeiten hatte der Autor als Kind, zu kommunizieren. Nenne auch hier drei. Der Autor konnte einen Brief schreiben, später ein Fax schicken und auch telefonieren.	3
4) **Nenne sechs Möglichkeiten, wie man in heutiger Zeit etwas mitteilen kann.** • Telefon / Handy • Computer / Internet • Fernsehgerät • Radio • Bücher • Zeitungen • Brief • ... 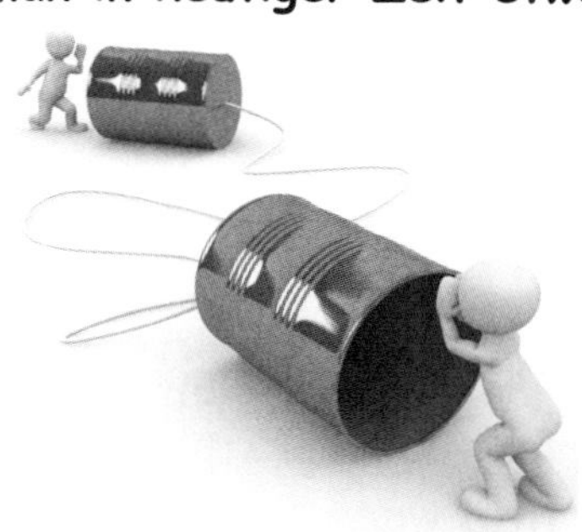	3
5) Überlege dir, was wir alles erfahren können durch unsere technischen Hilfsmittel. Nenne mindestens drei Dinge! • Wir können uns über unsere Geschichte informieren durch elektronische Bücher oder das Internet. • Wir können im Fernsehen durch die Nachrichten erfahren, was in der Welt geschieht. • Wir können uns die Wettervorhersage anschauen.	3
6) Warum waren Bücher früher kostbar? Bücher waren sehr teuer, und es gab noch nicht viele Bücher. Nur wenige konnten sich Bücher leisten. Der Zugang zu öffentlichen Bibliotheken war noch nicht gegeben.	2

7) **Wie verständigten sich die Indianer in Nordamerika oder die Afrikaner über längere Distanzen?** Die Indianer verständigten sich mittels Rauchzeichen und die Afrikaner mit der Trommelsprache.	2
8) **Auch in Deutschland benutzte man Töne zur Verständigung. Nenne ein Beispiel!** Jäger benutzten das Waldhorn, um anderen mitzuteilen, dass ein Reh geschossen wurde.	1
9) **Wer erfand den Buchdruck, und wann war das? Was war das erste gedruckte Buch?** Johannes zu Gutenberg hatte im 15. Jahrhundert die Bibel gedruckt und gilt als Erfinder des Buchdrucks.	3
10) **Wer erfand die drahtlose Kommunikation? In welchem Land war das?** Die drahtlose Kommunikation wurde von Samuel F. Morse erfunden. Er lebte in Amerika.	2
11) **Woraus baute er sein erstes Morsegerät?** Er baute es aus einer Staffelei.	1
12) **Wie übermittelte ein König damals seinen Untertanen eine Steuererhöhung?** Er schrieb seine Nachricht auf ein Pergament und übergab dieses einem Boten. Dieser verlas die Nachricht auf Marktplätzen oder direkt den Personen, an welche die Nachricht gerichtet war.	2

5.9 Lösung - Vulkane

1) Warum können wir heute auf der Erde leben? Erkläre mit Hilfe des Textes. Da es im Weltall kalt ist, kühlte die Erde sich langsam ab, somit konnte Leben auf der Erde entstehen.	2
2) Kreuze die richtige Antwort an. Magma ist ... X flüssiges Gestein im Erdinneren.	1
3) Kreuze die richtige Antwort an. Lava ist ... X ausgetretenes Magma.	1
4) In welcher Tiefe im Erdinneren befindet sich das Magma und wie viel Grad Celsius hat es dort? Das Magma sammelt sich in Hohlräumen in einer Tiefe von ca. 100 km im Erdinneren. Dort herrscht eine Temperatur von 1000 – 1300 Grad Celsius.	2
5) Wie lautet ein Vulkanausbruch in der Fachsprache? Ein Vulkanausbruch heißt in der Fachsprache Eruption.	1
6) Was ist ein Maar? Kreuze an. **Ein Maar ist ...** X ein mit Wasser gefüllter Vulkan.	1
7) Stimmt es, dass es gefährlich ist, in einem Vulkansee in der Eifel zu baden? Begründe mit Hilfe des Textes. Nein, es ist nicht gefährlich. In Deutschland gibt es schon sehr lange keine aktiven Vulkane mehr. Vor etwa 10.000 Jahren brach in der Eifel der letzte Vulkan aus. Aus dieser Zeit findet man dort viele sogenannte Maare. Maare sind nicht mehr aktive Vulkane, die sich mit Wasser gefüllt haben und in denen man heute oftmals schwimmen kann.	3
8) Welche Auswirkung hat ein Vulkanausbruch auf die direkte Umgebung? Finde die passende Stelle im Text und notiere sie. Ein Vulkanausbruch bringt Verderben und Zerstörung für die direkte Umgebung - für Mensch, Tier und Pflanzenwelt. Weite Teile der Landschaft werden mit Lava und Asche bedeckt.	3
9) Der nach Vulkanausbruch mit Asche bedeckte Boden: X wird nach kurzer Zeit zu einem sehr fruchtbaren Boden.	1

10)Wie heißt der einzige <u>daueraktive</u> Vulkan Europas und zu welchem Land gehört er? Der einzige daueraktive Vulkan Europas heißt Stromboli und liegt in Italien.	2
11)Wann und wo fand einer der berühmtesten Vulkanausbrüche aller Zeiten statt? Einer der berühmtesten Vulkanausbrüche überhaupt war der Ausbruch des Vesuvs im Jahr 79 nach Christus. Dies war der Untergang der Stadt Pompeji.	2
12)Woher wusste man bei den Ausgrabungen zu Pompeji, dass es sich um genau diese Stadt handelte? In welchem Jahr hat man diese Gewissheit erlangt? Im Jahr 1763 wurde bei Ausgrabungen eine Stadttafel mit der Inschrift „Pompeji" entdeckt. Somit war nun endgültig klar, dass es sich bei den Ausgrabungen um die Entdeckung der Stadt Pompeji handelte. (Textstelle) Oder Durch den Fund einer Stadttafel mit der Inschrift „Pompeji" bei Ausgrabungen im Jahre 1763 war klar, dass es sich bei dem Fundort um die Stadt Pompeji handelte. (Eigenformulierung) ➔ *Du musst bei deiner Antwort immer darauf achten, was dein Lehrer oder deine Lehrerin hören möchte, ob du die Textstelle möglichst genau wiedergeben sollst oder die Antwort in eigenen Worten beantworten sollst.*	2
13)Wie heißt der größte Vulkan Europas? Der größte Vulkan Europas heißt Ätna.	1
14) Welche Folgen hatte der Ausbruch des Vulkans Eyjafjallajökull im Jahr 2010? Im Jahr 2010 wurde in Folge des Vulkanausbruchs der Luftverkehr für einige Tage beeinträchtigt.	2

5.10 Lösung – Der Hund und der Hahn

<table>
<tr><td>1) Finde andere Worte im Text für folgende Bezeichnungen:
<table>
<tr><td>gemeinsam</td><td>zusammen</td></tr>
<tr><td>Unterkunft</td><td>Quartier, Unterschlupf, Schlafplatz</td></tr>
<tr><td>Dämmerung</td><td>Eintritt der Dunkelheit</td></tr>
<tr><td>Tier / Lebewesen</td><td>Geschöpf</td></tr>
</table></td><td>5</td></tr>
<tr><td>2) Steht in dem Text wohin die Reise gehen soll? Nein ☑</td><td>1</td></tr>
<tr><td>3) Warum schliefen sie in dieser Nacht nicht in einem Stall?
Sie waren zu spät dran, hatten sich im Wald verirrt und mussten daher dort schlafen.</td><td>1</td></tr>
<tr><td>4) Woran erkennt man, dass es sich um eine Fabel handelt?
Tiere stehen anstelle von Menschen. Sie sprechen und handeln wie Menschen. Die Fabel erteilt eine Lehre.</td><td>1</td></tr>
<tr><td>5) Welche Worte werden im Text anstatt „sagen“ genannt? Schreibe sie in der Grundform.
Bellen, zustimmen, flöten, antworten</td><td>4</td></tr>
<tr><td>6) Welche schlechte Angewohnheit hat der Hahn im Schlaf?
Der Hahn kräht im Schlaf.</td><td>1</td></tr>
<tr><td>7) Welches Tier wird dadurch angelockt?
Der Fuchs wird durch das Krähen im Schlaf angelockt.</td><td>1</td></tr>
<tr><td>8) Mit welchem Satz versucht das Tier den Hahn herunter zu locken?
„Ach Hahn, du wunderbares Geschöpf mit so schöner Stimme! Komm herunter und lass dich umarmen!“</td><td>2</td></tr>
<tr><td>9) Wer ist mit „Türwächter“ gemeint?
Wenn der Hahn vom Türwächter spricht, meint er den Hund.</td><td>1</td></tr>
<tr><td>10) Wie rettete der Hahn sich vor dem Fuchs?
Damit, dass er sagte, er solle erst dem Türwächter Bescheid sagen, weckte der Fuchs den Hund. Dieser stand dem Hahn als Freund zur Seite und riss den Fuchs in Stücke.</td><td>2</td></tr>
<tr><td>11) Konnten die Freunde die Reise gemeinsam fortsetzen? Kreuze an!
☑ ja ☐ nein ☐ steht nicht im Text.</td><td>1</td></tr>
</table>

5.11 Lösung – Unser Meer, unsere Müllkippe

1) Wen beschuldigt der Autor indirekt als Verursacher der Müllproblematik im Meer? Der Autor sieht den **Menschen** als Verursacher der Meeresverschmutzung.	1
2) Welchen Schaden kann Müll im Meer bei Schiffen verursachen? Welche Folge hat das gegebenenfalls für das Schiff? Der Müll kann sich in der Schiffsschraube verhängen und dadurch wird das Schiff manövrierunfähig. Vor allem Plastik und Fasern (Seile, Stricke, Schnüre, Netze) verfangen sich oftmals.	2
3) Welchen (Umwelt-) Unfall nennt dieser Bericht? Welcher „Müll" oder Fremdkörper gelangte hierbei ins Meer? Mit dem „Unfall" ist die Bohrinsel-Explosion im Golf von Mexiko gemeint. Nach der Explosion flossen (vom 24. April 2010 bis 16 Juli 2010) jeden Tag ca. 6,4 Millionen Liter Öl ins Meer und das gesamte Gebiet wurde zerstört.	2
4) Müll gab es schon immer im Meer. Was ist heute anders? Nenne zwei wichtige Gründe! Anders sind die <u>gigantischen Mengen</u> des im Meer treibenden Mülls. Zivilisationsmüll in Form von <u>Plastikprodukten</u> gilt als besonders gefährlich: Seine Langlebigkeit von bis zu <u>450 Jahren</u>, die verheerenden Konsequenzen für die Tierwelt und seine Eigenschaft, als <u>Giftschwamm</u> Chemiegifte zu speichern, machen Plastikmüll zu einer akuten und anwachsenden Bedrohung für die Ozeane und somit auch für unsere Nahrungskette.	4
5) Was versteht man unter Giftschwamm? Plastik kann Chemiegifte speichern und auch fremde Gifte wie ein Schwamm aufnehmen, sodass das Plastikteil nicht nur eigene Gifte enthält, sondern auch noch zusätzlich aufgenommene. Das Plastik speichert diese Gifte so, wie ein Schwamm Wasser speichert.	2
6) In welchem Ozean sammelt sich der Müll besonders und warum? Der Müll sammelt sich im <u>Nordost-Pazifik zwischen den Inseln Hawaiis und dem amerikanischen Festland</u>. Dort entsteht durch ein <u>großes Hochdruckgebiet</u> ein gigantischer <u>Meeresstrudel</u>, der sich im Uhrzeigersinn dreht. Die Folge ist ein riesiger, nahezu geschlossener, Müllteppich.	4
7) Welche Wörter werden im Text anstelle von „groß" verwendet? Finde zwei! Als Wörter anstelle von groß werden verwendet: gigantisch, riesig	2
8) Wie lange kann ein Plastikteil im „Müllstrudel" gefangen" bleiben? ☐ 1 Jahr · ☐ 6 Monate · ☐ 16 Monate · ☑ 16 Jahre ☐ 450 Jahre · ☐ 26 Monate · ☐ 16 Wochen · ☐ 30 Jahre	1
9) Wie viele verschiedene Tierarten fallen jährlich dem Müll zum Opfer? Unterstreiche die Textstelle, welche die Lösung enthält! ☑ 267 <u>verschiedene Tierarten fallen weltweit jährlich dem Müll im Meer zum Opfer.</u>	2
10) Aus welchen Gründen sterben die Tiere am Müll? Nenne zwei Gründe und schreibe vollständige Sätze auf! Teilweise verhängen sich die Tiere in dem Müll und kommen nicht mehr frei, oder sie essen den Müll, da sie ihn für Nahrung halten.	2

5.12 Lösung - Fledermäuse

1) Warum gehören die Fledermäuse zu den Säugetieren und in welchen Zeilen steht das? Der Name „Säugetiere" kommt daher, dass Säugetiere ihre Jungen mit Muttermilch säugen. Zeilen 1 und 2.	3
2) Aus welchem Grund verlassen die Fledermäuse abends ihre Höhlen? Gib eine genaue Antwort! Die Fledermäuse verlassen in der Dunkelheit ihre Höhlen und jagen nach Insekten.	2
3) Wie ist der Fledermausflügel aufgebaut? Unterstreiche den passenden Satz im Text blau. Ein Fledermausflügel besteht aus einer Flughaut, die zwischen dem Körper, den Armen und den Fingern gespannt ist. (Zeile 7 und 8)	1
4) Zu welcher Jahreszeit werden die Fledermäuse geboren? In welcher Zeile findest du die Antwort? Die Jungen der Fledermäuse werden im Sommer geboren. Zeile 9	2
5) Nenne aus dem Text drei Möglichkeiten, wo die Fledermäuse Winterschlaf halten? Sie halten ihren Winterschlaf in Felsenhöhlen, in hohlen Bäumen oder in alten Gebäuden.	3
6) Erkläre den Begriff ‚Winterquartier' mit eigenen Worten. Was bedeutet dieser Ausdruck? In einem Winterquartier hält die Fledermaus ihren Winterschlaf.	2
7) Wie ernähren sich die Fledermäuse im Winter? Sie fressen sich im Sommer einen Nahrungsvorrat an, um während ihres Winterschlafs von der Fettschicht zehren zu können.	2

8) Wie ernähren sich Vampirfledermäuse? Sie ernähren sich vom Blut anderer Säugetiere oder Vögel.	3
9) Die Insekten sterben in Deutschland immer mehr aus. Ist das ein Problem für die Fledermäuse? Ja, es ist ein Problem, weil sie sich von Insekten ernähren und immer weniger Insekten finden.	2
10) Kreuze alle richtigen Antworten an! 0 Es gibt über 9000 verschiedene Fledermausarten. 0 Fledermäuse haben sehr schlechte Ohren. X Die Muttertiere leben mit anderen Müttern in Wochenstuben zusammen. 0 m Winter fliegen die Fledermäuse in ein wärmeres Land. X Vampirfledermäuse leben in Mittel- und Südamerika.	5

5.13 Lösung – Immer diese Mimi

1) Was wollte Lea am Abend tun und was hatte ihr ihre Mutter besorgt? Sie wollte in aller Ruhe fernsehen. Ihre Mutter hatte ihr einiges zum Naschen besorgt.	2
2) Warum dauerte es so lange, bis die Eltern gingen? Was alles machte die Mutter? Die Mutter kochte Lea noch etwas zum Abendessen und dann machte sie sich fertig, was länger dauerte. Als sie schließlich duftend aus dem Bad kam, begann der Vater seine Schuhe zu suchen. Sie legte Lea noch einmal ihre Telefonnummer hin, erklärte ihr die Alarmanlage, und gab ihr noch einen dicken Kuss auf die Stirn.	3
3) Wie empfand Lea das Verhalten ihrer Mutter? Warum? Lea fand das Verhalten etwas übertrieben. Es ging ihr auf die Nerven, denn sie wollte endlich allein sein, um ihren Film anzusehen, der bald losging.	1
4) Was tat sie in der Werbepause? Sie setzte Teewasser auf und ging ins Arbeitszimmer, da sie noch schnell etwas aufschreiben wollte.	1
5) Warum versteckte sie sich hinter dem Vorhang? Sie versteckte sich hinter dem Vorhang, weil sie etwas rascheln hörte.	1
6) Unterstreiche auf der 2. Seite des Textes was sich Lea überlegt, was sie tun könnte und was sie tut. <u>Ich könnte versuchen, unbemerkt das Telefon zu ergreifen,</u> aber wie sollte ich unbemerkt telefonieren? <u>Zitternd stand ich da und wusste nicht so recht, was ich tun sollte.</u> Ich dachte darüber nach, ob ich <u>die Alarmanlage auslösen könnte</u>, aber ich wusste ja genau, wie so etwas in Filmen ausging! Die Diebe waren immer viel gewitzter als alle anderen! <u>Also blieb ich hinter meinem Vorhang stehen und erstickte fast, weil ich mich nicht traute zu atmen, und wartete ab.</u> Eine ganze Weile hörte ich nichts und überlegte, <u>ob ich mich schnell rausschleichen sollte? Aber was würde ich dann tun?</u>	4

7) Es raschelte mehrfach, aber was geschah dann? Der Papierkorb fiel um.	1
8) Wer war im Zimmer, als Lea hinter dem Vorhang stand? Ihre kleine, freche Katze Mimi war im Zimmer. Sie saß im Papierkorb und warf diesen um.	1
9) Was tat Lea zunächst und was taten Lea und Mimi dann gemeinsam? Zuerst kam Lea hinter dem Vorhang hervor und kochte sich einen Tee. Danach machte sie es sich mit Mimi vor dem Fernseher gemütlich.	2
10)Wo verbrachte Mimi den restlichen Abend? Die Katze verbrachte den Abend auf Leas Schoß.	1

5.14 Lösung – Unser Opa wird nun bald 90

1) Du hast den Text gelesen und weißt nun, was der Opa tut, um gesund zu bleiben. Was kannst du tun? Fällt dir etwas ein? Nenne drei Dinge! Ich kann mich gesund ernähren und versuchen, nicht so viele Süßigkeiten und Chips zu essen. Ich mache regelmäßig Sport und werde später nicht rauchen.	3
2) Nenne vier Dinge, die der Opa tut um gesund zu bleiben! Der Opa macht Frühsport. Danach macht er Wechselduschen. Er wäscht sich regelmäßig die Hände, um sich nicht an Bakterien anzustecken. Dreimal am Tag putzt er sich die Zähne.	4
3) Im Text steht, dass der Opa zum Arzt gegangen ist. Überlege selbst, ob du einen Arzt kennst, zu dem man regelmäßig zur Kontrolle gehen sollte? Ein Tipp: oft kommt er sogar in die Schule! Den Zahnarzt sollte man zur Kontrolle jedes halbe Jahr besuchen.	1
4) Was macht der Opa, damit er auch mit 90 noch seine eigenen Zähne hat? Nenne zwei Dinge! Er putzt dreimal täglich seine Zähne und isst kaum Zucker und Süßigkeiten.	2
5) Der Opa betreibt auch Sport. Nenne zwei Dinge, die er regelmäßig macht. Er geht regelmäßig schwimmen und macht jeden Morgen Gymnastik.	2
6) Einiges macht Opa anders als andere Menschen. Nenne drei Dinge! ➢ Er trinkt keinen Kaffee und keinen schwarzen Tee. ➢ Er macht jeden Morgen Frühsport. ➢ Er isst zum Frühstück nur Müsli mit Obst und trinkt Kräutertee.	3
7) Was macht unser Opa für seinen Kopf? Nenne zwei Dinge! Er zeichnet Rätsel für seine Enkel und spielt täglich Klavier.	2

8) Was, glaubt der Opa, mache die Menschen krank, und was sollten sie mehr tun? Er denkt, die Menschen sollten mehr Zeit haben und sich nicht so hetzen lassen. Auch sollten sie sich mehr an der frischen Luft bewegen. Zu viel Fernsehen und vor dem Computer sitzen hält er für ungesund.	2
9) Du hast sicherlich schon einmal gehört: „Wasch dir die Hände!"- kannst du erklären warum? Oft hat man etwas angefasst, das durch Bakterien belastet war. Krankheitserreger kann man abwaschen und damit eine Ansteckung verhindern. Regelmäßiges Händewaschen schützt vor einer Infektionsgefahr.	2
10) Was trinkt Opa und was nicht? Kennst du ein Getränk, das du nicht trinken solltest? Opa trinkt nur Tee, er trinkt keinen Alkohol und keinen Kaffee; auch keinen schwarzen Tee. Auf Cola oder andere Softdrinks sollte ich verzichten.	3
11) Manchmal nascht der alte Herr auch, aber oft isst er etwas sehr Gesundes als Nachspeise. Was ist das? Er isst Obst als Nachspeise.	1
12) Welchen Tee trinkt er, wenn der Magen verstimmt ist? Er trinkt Kamillen- oder Fencheltee.	1

5.15 Lösung – Niemand zwingt im Guten die Kinder mit den Ruten

1) Was möchte der Dichter mit dem folgenden Satz aussagen: „Niemand zwingt im Guten, die Kinder mit den Ruten?" Was denkst du, nachdem du den Text gelesen hast? Man kann daraus schließen, dass die Kinder im Mittelalter sehr hart erzogen wurden, auch durch körperliche Züchtigung. Der Dichter möchte sagen, dass Kinder sich nicht besser entwickeln, wenn sie geschlagen werden, und eine harte Erziehung nicht unbedingt eine gute Erziehung sei.	2
2) Konnten alle Dichter des Mittelalters lesen und schreiben? Was machten Menschen, die nicht lesen oder schreiben konnten? Nein, es konnten nicht alle Menschen lesen und schreiben. Daher stellten sich diejenigen, die es sich leisten konnten, einen Leser und Schreiber ein.	2
3) Nenne zwei Dichter aus dem Mittelalter! Wolfram von Eschenbach und Walther von der Vogelweide.	2
4) Welche drei Stände gab es im Mittelalter? Es gab folgende drei Stände im Mittelalter: Kirche – Geistliche Adel Volk	3
5) Von wem wurde der erste Stand geführt? Der erste Stand unterstand dem Papst und dessen Führung.	1
6) Welche Umstände machten dem Volk das Leben besonders schwer? Hitze, Kälte und mangelnde Nahrung sowie zahlreiche Krankheiten waren die schwierigsten Bedingungen des Mittelalters. Ärzte mussten selbst bezahlt werden, denn es gab keine Krankenversicherung und der Leibherr kam nicht dafür auf.	3
7) Welche Voraussetzungen musste man erfüllen, um Ritter werden zu können? Wie lange war die Ausbildung? Man musste Adeliger sein. Mit 14 Jahren begann im Allgemeinen die siebenjährige Ausbildung.	3
8) Was machten die Menschen des dritten Standes beruflich? Wovon lebten sie? Sie waren Bauern oder Handwerker und dienten den Adeligen. Sie halfen diesen, ihre Burgen in Ordnung zu halten, ihre Familien mit Essen zu versorgen oder ihre Felder zu bestellen. Sie machten die Ställe sauber und versorgten deren Vieh. Sie lebten von ihrer Hände Arbeit.	4

9) Wie sah das Essen auf einer Burg aus und was kam bei den Leibeigenen auf den Tisch? Auf den Burgen lebte man ein üppiges Leben. Man aß viel Fleisch und all das, was produziert wurde. Niemand musste sparen. Die Bauern hingegen hatten eine sehr eintönige Ernährung und aßen viel Brot und wenig Fleisch. Manchmal mussten sie mit einer Mahlzeit am Tag auskommen.	4
10) Wie lange konnten die Kinder damals bei den Eltern bleiben? Die Kinder blieben meist nur bis zum 7. Lebensjahr bei den Eltern.	1
11) Was lernten Mädchen, was Jungen? Nenne jeweils zwei Dinge! Öffentliche Schulen gab es nicht. Jungen lernten zu Reiten und mit Pfeil und Bogen umzugehen. Mädchen wurden von der Mutter in den Dingen der Hauswirtschaft unterrichtet, z. B. im Nähen. Manchmal lernten sie sogar das Lesen und Schreiben.	4
12) Der Vater war das Oberhaupt der Familie. Wie erzog er oft? Der Vater versuchte seine Kinder oft durch „Zuckerbrot und Peitsche" zu erziehen. Körperliche Gewalt war ein Mittel der Erziehung. Fürsorge und Härte wechselten sich ab.	6
13) Nenne zwei Hansestädte! Hamburg und Bremen sind Hansestädte.	2
14) Nenne vier Helden aus dem Mittelalter! Klaus Störtebeker, Robin Hood, Merlin und Prinz Löwenherz.	4
15) Warum mochten die Friesen Klaus Störtebeker? Weil er seine Beute mit den Friesen aufteilte, mochten die Friesen Klaus Störtebeker.	1

Effigy of Guillaume le May. 1480.

Knight of the Haberkorn Family, Wurzburg.

5.16 Lösung – Ein ganz besonderes Pony

1) Wo stand das Pony zu Beginn der Geschichte? Das Pony befand sich auf einer satten, grünen Koppel im Schatten einer großen Eiche.	2
2) Aus welchem Grund musste das Pony diesen Ort verlassen? Der Bauer hatte kein Geld mehr und wollte auf der Wiese Hafer und Gerste anbauen. Auch hatte er keine Zeit, das Pony anzusehen. Das Pony fraß nur und erfreute alle anderen, aber nicht ihn.	3
3) Wie sah das Pony aus? Unterstreiche im Text grün! Das Pony war ein Fuchs mit weißer Blesse (rotbraun glänzendes Fell). (Zeile 2)	2
4) Nenne acht Adjektive, die das Pony näher beschreiben! wunderschön, weiß, rotbräunlich, klein, glänzend, schön, bockig, hübsch, stur, biestig	4
5) Wie gestaltete sich der Verkauf des Ponys? Beschreibe möglichst genau! Alle fanden das Pony schön, aber niemand wollte es haben, daher war der Bauer froh, es schließlich an einen Zirkus zu verkaufen, der im Ort gastierte.	2
6) Kreuze an! Es können mehrere Antworten richtig sein! Warum war das Pony schwierig für den Zirkus? ☐ Das Pony war viel zu klein für den Zirkus. ☑ Das Tier war sehr gefräßig und wollte den ganzen Tag nur auf der Wiese grasen. ☑ Das Pony machte immer das Gegenteil von dem, was man sagte. ☐ Das Pony verstand nicht, was der Dompteur sagte.	2
7) Was sollte passieren, wenn das Pony nicht zu dressieren war? Das Pony sollte zum Metzger kommen.	1
8) Warum sollte das Pferdchen überhaupt eine Vorstellung im Zirkus geben? Es sollte sich seinen Unterhalt selbst verdienen.	1
9) Wer konnte am besten mit dem Pony umgehen? Ein kleiner Junge – der Sohn der Zirkusleute - verstand das Tier.	1
10) Mit welchen Tieren trat das kleine Füchslein bei der Vorstellung auf? Das Pony sollte mit den Großpferden in deren Dressurnummer auftreten.	1

11) Aus welchem Grund waren die Zuschauer begeistert von dem Pony? Kreuze an! ☑ Das Pony machte alles falsch. ☐ Das Pferdchen war besonders schön anzusehen. ☐ Das Pony folgte den Kommandos des Dompteurs.	1
12) Der Junge versuchte, das Tier zu bekehren. Was bedeutet das? Der Junge wollte versuchen, dem Tier die Sturheit auszutreiben, damit es das tat, was man ihm sagte, und es nicht zum Metzger kommen würde. Er versuchte, es zu verändern.	2
13) Was sagte der Direktor nach der Vorstellung? „So eine Nummer hatten wir ja noch nie, das war ja zum Schreien! Jungchen wie hast du das denn hinbekommen?"	2

5.17 Lösung – Brückenbau

1) Wie lange bauen Menschen schon Brücken? Menschen bauen Brücken seit über 3000 Jahren.	1
2) Aus welchem Grund bauen Menschen Brücken? Sie bauen diese, um Hindernisse zu überwinden und Flüsse oder Schluchten zu überwinden.	1
3) Was muss eine Brücke alles tragen? Warum muss sie stabil sein? Eine Brücke zu bauen ist schwierig, denn sie muss nicht nur ihr eigenes Gewicht tragen, sondern auch noch das der Passanten.	2
4) Was ist an der Brücke Qu'eswachaka besonders? Qu'eswachaka ist die letzte noch funktionierende Hängebrücke, die komplett aus Gras besteht.	1
5) Wie hieß die erste gusseiserne Brücke in England? Über welchen Fluss führt sie? Welchen Nachteil hatten gusseiserne Brücken? Sie hieß "The Iron Bridge" und führte über den Fluss Severn. Gusseiserne Brücken waren nicht stabil genug für Eisenbahnen.	2
6) Es wurden zwei weitere Brücken beschrieben. Die eine ist die derzeit längste und die andere war die erste, die in Deutschland in dieser Art gebaut wurde und einstürzte. Über welche Gewässer führen diese beide Brücken? Nenne auch die Jahreszahlen. Das derzeit bedeutendste Brückenbauwerk befindet sich in Italien. Diese Brücke führt über die Meeresenge von Messina, vom italienischen Festland nach Sizilien. Sie soll 2017 fertiggestellt werden. Die erste Schrägseilbrücke wurde am 6.12.1825 in Deutschland eröffnet und führte über die Saale.	4
7) Warum stürzte die Nienburger Brücke ein? Beschreibe kurz. Bei der Einweihung kam es zu einer ungewohnten Belastung, da alle Menschen auf einer Seite standen und nur die halbe Brücke belastet wurde. Die Brücke begann zu schwingen und durch die einseitige Belastung zerrissen die Seile.	3
8) Wie viele Menschen kamen ums Leben? 55 Menschen ertranken in der Saale.	1
9) Die italienische Brücke gilt derzeit als die längste ihrer Art. Wie lang ist sie und wie schwer? Was sind die erwarteten Kosten? Sie führt über die Meeresenge von Messina, vom italienischen Festland nach Sizilien, mit der Länge von 3666 m. Die Italiener erbauten die Brücke für 6,3 Milliarden Euro. Die gesamte Brücke wiegt 66.100 Tonnen.	3

5.18 Lösung Hörprobe – Der Baum erzählt von seinem Leben

1) Woran kannst du das Alter eines Baumes an einem Baumstumpf erkennen? An Baumstümpfen sind die so genannten Jahresringe gut erkennbar. Die **Anzahl der Jahresringe** verrät das Alter eines Baumes.	1
2) Zu welchen Jahreszeiten wächst ein Baum besonders schnell? In den **warmen Jahreszeiten gedeiht der Baum schnell** und das neue Holz sieht heller aus. In den kälteren Jahreszeiten hingegen wächst das Holz deutlich langsamer; dies lässt das Holz dunkler aussehen.	2
3) Woran erkennst du ein „gutes Baum-Jahr"? Je **gleichmäßiger** die Ringe sind, umso besser war das Jahr des Baumes. Hat der Baum **viel Sonne und Wasser abbekommen**, gilt das als besonders gutes Jahr. Desto **breiter ist dann der entsprechende Lebensring**.	3
4) Woran erkennst du ein „schlechtes Baum-Jahr"? Sind **die Ringe eher klein**, erzählt der Baum von einem schlechten Jahr.	2
5) Welche Gründe für ein „schlechtes Baum-Jahr" werden im Text erwähnt? ○ Das Jahr war sehr regnerisch. X Das Jahr war sehr trocken. X Schädlinge entzogen dem Baum Saft und Nährstoffe. ○ Schädlinge schenken dem Baum Saft und Kraft.	2
6) Welche Aussagen sind korrekt? ○ Zeigt ein Baumstumpf 20 Lebensringe, ist er mindestens 40 Jahre alt. X Hat ein Baum in einem Jahr viel Wasser bekommen, gilt es als gutes Jahr. X Trockenheit und Schädlinge entziehen dem Baum Nährstoffe. ○ Jeder dunkle Ring entspricht einem Lebensjahr.	2
7) Bei einem Waldbesuch siehst du zwei Eichen. Woran kannst du erkennen, welcher Baum älter ist? Der Baum mit dem **dickeren Stamm ist der ältere Baum**!	2

5.19 Lösung Hörprobe - Das Kamel und der Schakal nach Aesop

1) Welche Lebewesen kommen in dieser Fabel vor? In dieser Fabel kommen ein **Kamel**, ein **Schakal**, ein **Hase** und ein **Bauer** vor.	4
2) Wie sind die Tiere beschrieben? Kreuze an, welche Adjektive den Tieren zugesprochen wurden. O fleißig. X gutmütig O nett X schnell X gerissen O klug	3
3) Wie kamen die beiden Tiere auf die andere Seite des Flusses? Das gutmütige Kamel nahm den Schakal auf den Rücken und überquerte den Fluss.	2
4) Welches Tier wird von wem erbeutet? Der **Schakal** erbeutet einen **Hasen**.	2
5) Weshalb ist das eine Tier verärgert? Das Kamel ist verärgert, weil es die Prügel für den Schakal einstecken muss.	2
6) Das andere Tier rächt sich indem es sagt? O ... wenn ich eine gute Zeit hatte, wälze ich mich immer im Wasser. O ... wenn ich eine gute Zeit hatte, wälze ich mich immer im Feld. X ... wenn ich eine gute Mahlzeit hatte, wälze ich mich immer im Wasser. O ... wenn ich eine gute Mahlzeit hatte, wälze ich mich immer im Fluss.	2
7) Wie lautet die Kernaussage dieser Geschichte? Was du nicht willst, das man dir tu', das füg auch keinem anderen zu!	2

6 Notenschlüssel

Hier findest du verschiedene Notenschlüssel. Suche die Punktzahl, die der Gesamtpunktzahl in deiner Übungsprobe gleicht bzw. am nächsten kommt. Schau dann, in welchen Punktebereich deine erreichte Punktzahl fällt, darunter findest du dann deine erzielte Note.

	Note erreichte Punkte					
Punkte gesamt	1	2	3	4	5	6
16	16 - 15	14 - 13	12 - 11	10 - 9	8 - 6	5 - 0
18	18 - 17	16 - 15	14 - 13	12 - 10	9 - 7	6 - 0
20	20 - 18	17 - 15,5	15 - 13	12 - 10,5	10 - 8	7 - 0
21	21 - 20	19 - 17,5	17 – 15	14 - 11	10,5 - 8	7 - 0
22	22 - 20	19 - 18	17 – 15	14,5 - 11,5	11 - 8	7 - 0
23	23 - 21	20 - 18,5	18 - 15,5	15 - 12,5	12 - 8,5	8 - 0
24	24 - 22	21 - 19	18 - 16	15 - 12,5	12 – 8,5	8 - 0
25	25 - 23	22 - 20	19 - 16,5	16 - 13	12 – 8,5	8 - 0
26	26 - 24	23 - 22	21 - 18	17 -13,5	13 - 10,5	10 - 0
28	28 - 26	25 - 23	22 - 19	18 - 15	14 – 10,5	10 - 0
30	30 - 27	26 - 23,5	23 - 19,5	19 - 15,5	15 - 11	10 - 0
32	32 - 29	28 - 25	24 - 21	20 - 16,5	16 - 11	10 - 0
33	33 - 30	29 - 26,5	26 - 22,	21 - 17,5	17 - 12	11 - 0
34	34 – 31	30 - 27	26 - 23	22 - 18	17 - 12	11 - 0
36	36 - 33	32 - 29	28 - 24,5	24 - 18,5	18 - 12	11 - 0
38	38 - 35,5	35 - 31	30 - 25,5	25 - 20	19 - 14	13 - 0
40	40 - 36	35 -31,5	31 - 26,5	26 - 20,5	20 - 15	14 - 0
42	42 - 38	37 -33	32 - 28	27 - 22	21 - 15	14 - 0
46	46 - 42	41 - 36,5	36 - 31	29 - 23,5	23 – 18	17 - 0
48	48 - 43,5	43 - 38	37 - 32	31 – 25	24 - 18	17 - 0
49	49 - 45	44 - 39	38 - 33	32 - 26	25 - 18	17 - 0
50	50 - 45,5	44 - 39,5	39 - 34	33 - 26	25 - 18	17 - 0
51	51 - 45	44 - 39	38 - 33	32 - 26	25 - 18	17 - 0
52	52 - 47	46 - 41	40 – 35	34 -27	26 - 19	18 - 0
54	54 - 49	47 - 41,5	41 - 35	34 - 28	27 - 19	18 - 0
56	56 - 51	50 - 44	43 - 37	36 - 29	28 - 20	19 - 0
58	58 - 52	51 - 45	44 - 38	37 - 30	29 - 20	19 - 0
60	60 – 54	53 – 47	46 – 39	38 – 31	30 – 23	22 – 0
64	64 – 58	57 - 50	49 – 42	41 - 33	32 - 22	21 - 0
65	65 – 59	58 - 51	50 – 43	42 - 34	33 - 23	22 - 0
66	66 – 59	58 - 51	50 – 43	42 - 34	33 - 24	23 - 0
67	67 – 60	59 - 52	51 – 44	43 - 35	34 - 25	24 - 0
68	68 – 61	60 - 53	52 – 44	43 - 35	34 - 25	24 - 0
70	70 – 63	62 – 55	54 – 46	45 – 36	35 – 25	24 – 0

7 Quellenverzeichnis

Legasthenie: M. Reichel
www.bvl-legasthenie.de
Legasthenie als Talentsignal: Lernchance durch kreatives Lesen
1. Februar 2001 von Ronald D. Davis
Ratgeber Legasthenie: Frühzeitig erkennen. Richtig reagieren. Gezielt behandeln.
1. Juni 2009 von Prof. Dr. med. Gerd Schulte-Körne
www.youtube.com/watch?v=1JwrS2nKrKs (Vera F. Birkenbiehl zur Davis Methode)
www.**legasthenie**-adhs-dyskalkulie.com

Die Biene Maja: M. Reichel
http://www.bee-careful.com/de/initiative/warum-sind-bienen-so-wichtig/
https://de.wikipedia.org/wiki/Die_Biene_Maja_(1975)

Das Rentier: M. Reichel
http://www.kindernetz.de/oli/tierlexikon/rentier/-/id=74994/nid=74994/did=83060/jrf6ak/
de.wikipedia.org/wiki/Ren
https://www.planet-wissen.de/laender_leute/.../natur.../elche_rentiere.jsp

Unser Meer, unsere Müllkippe: M. Reichel
http://www.greenpeace.de/themen/meere/kampagnen/sos_weltmeer/tour/artikel/muell_im_meer/
http://de.wikipedia.org/wiki/Albatrosse
http://www.tagesspiegel.de/weltspiegel/ein-meer-von-muell/1529200.html
"Plastic Debris in the World's Oceans" (Greenpeace)
http://www.spiegel.de/wissenschaft/natur/umweltverschmutzung-viel-plastik-schwimmt-im-meer-a-1007803.html Dezember 2014
https://www.ausgestrahlt.de/hintergrundinfos/akw-fukushima.html
plasticpollutioncoalition.org/de

Die Plastiki: M. Reichel
Bilder mit freundlicher Genehmigung von Charlott Bufton von the plastiki.com
www.adventureecology.com
www.wikipedia.com/Plastiki
http://www.dailymail.co.uk/news/article-1295680/Plastiki-explorer-David-Rothschild-crosses-Pacific-boat-plastic-bottles.html
www.theplastiki.com
Süddeutsche Zeitung vom 27.07.2010
www.focus.de
www.segelnews.de
http://www.faz.net/s/Rub0E9EEF84AC1E4A389A8DC6C23161FE44/Doc~E8FA9AFBC4F374161B58FD3D56F150E88~ATpl~Ecommon~Scontent.html
www.greenpeace-magazin.de
http://www.reddit.com/r/oceans/comments/1xit2b/great_pacific_garbage_patch_expedition_july_2014/

Die Mönchsrobbe: M. Reichel
http://de.wikipedia.org- Mönchsrobben
www.oceancare.org
Geolino Juni 2012 in Zusammenarbeit mit der Unicef

Niemand zwingt im Guten die Kinder mit den Ruten: M. Reichel
www.zeit.de/2005/42/P-Le_Goff-TAB
Was ist was Bd. 118: Mittelalter. Die Welt der Kaiser, Edelleute und Bauern
Oktober 2013 von Andrea Schaller
Was ist was Bd. 106: Burgen. Zeugen des Mittelalters
Mai 2014 von Andrea Schaller
Gombrich: Eine kurze Geschichte für junge Leser, Dumont Verlag
Deutsche Geschichte von Manfred Mai. Von den Germanen bis zum Jahr 1500. Belz & Geldberg Verlag.
de.wikipedia.org/wiki/Ritter
http://de.wikipedia.org/wiki/Mittelalter
Ronja Räubertochter, Februar 1982, Astrid Lindgren, Oetinger

Text Kommunikation: M. Reichel
http://de.wikipedia.org/wiki/Geschichte_des_Buchdrucks#Gutenberg.2C_der_Erfinder
Zeitreise der Kommunikation Gestern, Heute, Morgen Youtube
www.das-manuskript.de
http://de.wikipedia.org/wiki/Erfindung_des_Telefons
http://www.nndb.com/people/500/000166999/
http://www.pbs.org/wgbh/amex/telephone/peopleevents/pande04.html
reading-print-versus-digital-increases-comprehension-study
Süddeutsche Zeitung online, 20.08.2014

Texte M. Mandl
https://www.statistik.bayern.de/presse/archiv/2011/76_2011.php
http://www.wald.de/bundeswaldinventur-der-wald-in-zahlen/
http://www.schoenebergtouren.de/regionen/deutschland/der-bayerischer-wald-grosste-zusammenhangende-waldlandschaft-mitteleuropas/
http://www.medienwerkstatt-online.de/lws_wissen/vorlagen/showcard.php?id=2574&edit=0
http://www.medienwerkstatt-online.de/lws_wissen/vorlagen/showcard.php?id=1711&edit=0
http://de.wikipedia.org/wiki/Berufsfeuerwehr
http://www.dfv.org/fileadmin/dfv/Dateien/Fachwissen/Wege_zur_Feuerwehr/DFV-Informationen_Altersgrenzen_Januar_2014.pdf
http://de.wikipedia.org/wiki/Berufsfeuerwehr
http://www.vulkane.net
http://www.wissen.de/vulkan-katastrophen
http://medienwerkstatt-online.de/lws_wissen/index.php?level=2&kategorie_1=Pflanzen&kategorie_2=B%E4ume+allgemein
http://de.wikipedia.org/wiki/Geschichte_des_Fu%C3%9Fballs#Anf.C3.A4nge_des_Fu.C3.9Fballspiels)
User: Mattes (Eigenes Werk) [Public domain], via Wikimedia Commons
Photos: Miriam Reichel, Istockphoto, Dreamstime,
Bilder: Horst und Michael Reichel